KB057733

생물학적으로 어쩔 수가 없다

생물학적으로
어쩔 수가 없다

이시카와 마사토 지음 | 이정현 옮김

시그마북스
Sigma Books

생물학적으로 어쩔 수가 없다

발행일 2022년 1월 3일 초판 1쇄 발행
지은이 이시카와 마사토
옮긴이 이정현
발행인 강학경
발행처 시그마북스
Sigma Books
마케팅 정제용
에디터 최윤정, 장민정, 최연정
디자인 김문배, 강경희

등록번호 제10-965호
주소 서울특별시 영등포구 양평로 22길 21 선유도코오롱디지털타워 A402호
전자우편 sigmabooks@spress.co.kr
홈페이지 http://www.sigmabooks.co.kr
전화 (02) 2062-5288~9
팩시밀리 (02) 323-4197
ISBN 979-11-91307-93-1 (03180)

* **시그마북스**는 (주)**시그마프레스**의 자매회사로 일반 단행본 전문 출판사입니다.

당신의 유전자에게 한 가지 질문을 하겠다.

다음 문장을 읽었을 때 어떤 느낌이 드는가?

그 느낌을 기억하며 다음 페이지로 넘어가보자.

Q.

비가 쏟아지는 어느 날, 당신은 친구의 소개로

처음 보는 사람들로 가득 한 모임에 참석하게 되었다.

그 자리에서 한 사람당 3분씩,

사람들 앞에서 자신을 소개하는 시간이 주어졌다.

앞 페이지의 문장을 읽고 자기도 모르게

'너무 싫어' 같은 생각이 떠오르지 않았는가?

충분히 그럴 만하다.

'비가 쏟아지는 날', '처음 보는 사람',

'사람들 앞에서 이야기하기'라는, 많은 사람들이 불편해하고

되도록 피하고 싶어 하는 상황을 일부러 넣었기 때문이다.

하지만 그러한 상황을 '싫다'고 느끼는 것은

당신이 날씨에 따라 기분이 바뀌는 변덕쟁이여서도,

사교적이지 못하고 낯가림이 심한 사람이어서도 아니다.

인간이 생물이기에 가지고 있는 유전자에 새겨진

프로그램 때문이다.

시작하며

"생물학적으로 어쩔 수 없어." "인간도 동물이니까……."

지금까지 이런 식의 표현은 미움을 받아왔다. 하지만 그것이
올바른 반응인지 '다시 생각해볼 때가 되었다'는 것이 나의
의견이다. 왜냐하면 그렇게 표현함으로써 많은 걱정거리를 해
결할 수 있기 때문이다.

인간도 동물이다. 개나 원숭이가 특별한 훈련을 받지 않는 한
배고픔을 참을 수 없듯이, 인간에게도 할 수 없는 일이나 무
심코 하게 되는 일이 아주 많다.

하지만 사회는 인간만이 '할 수 없는 일'과 '무심결에 하고 마는 일'을 인정하지 않고 있다. 그럴 만한 이유야 있겠지만 생물학을 전문으로 하는 나에게는 너무나도 이상해 보인다.

지금부터 다시 생각해보자. 생물학적으로 어쩔 수 없는 일들이 넘쳐나는 현실을!

먼저 생물학적으로 인간이 저항할 수 없는 일에는 어떤 것들이 있는지 대강 살펴보자. (잠시 10-11페이지를 다녀오자!)

이렇게나 많다니, 놀랍지 않은가!

한편으로는 '내가 고민하는 문제도 있어서 조금은 안심이 된다'는 사람도 있을 것이다.

나는 인생을 크게 두 가지로 나눌 수 있다고 생각한다.

하나는 '노력하면 어떻게든 할 수 있는 것'이다.

단기간 다이어트나 벼락치기 시험공부는 힘들기는 해도 노력하면 어떻게든 해낼 수 있다.

다른 하나는 '노력해도 어쩔 수 없는 것'이다.

밤만 되면 외로워서 견딜 수 없다

무슨 일이든 미루게 된다

그렇게 갖고 싶지도 않은 물건을 사게 된다

기간 한정 상품에 혹한다

정리 정돈을 못한다

언제나 아슬아슬하게 지각할 뻔한다

질투가 난다

카리스마 있는 모습에 반한다

병에 걸린다

내 뜻대로 되지 않으면 화가 난다

가족과 마주치면 싸우기만 한다

막연한 불안에 휩싸인다

음식이 있으면 바로 손이 간다

부하직원이 내 말을 듣지 않는다

금방 짜증을 낸다

비 오는 날에는 밖에 나가기 싫다

다른 사람이 나를 어떻게 생각할지 걱정된다

남에게 의지하지 못한다

나이가 들수록 눈물이 많아진다

메일에 답장하는 게 귀찮다

사후 세계를 믿는다

회사에 가기 싫다

모르는 사람이 불편하다

산만해져서 집중할 수 없다

사람들 앞에서 말하는 게 긴장된다

잘생긴 사람에게서 눈을 뗄 수 없다

실연당해서 괴롭다

비가 오면 아무것도 하기 싫다

금방 사랑에 빠진다

배려만 하다 보니 지친다

회사를 그만두고 싶은데 그만두지 못한다

체력이 부족하다

미련이 오래 남는다

다른 사람 의견에 휩쓸린다

아무리 노력해도 아침에 일어나는 게 힘들다

명품을 좋아한다

나쁜 남자만 만난다

자꾸 과음한다

SNS에 보이는 것만 신경 쓴다

여성의 가슴이나 엉덩이에 눈이 간다

진심으로 사과하지 못한다

늘 후회만 한다

나도 모르게 아는 척한다

가끔 죽고 싶다

행복한 게 분명한데 부정적인 생각이 든다

사랑하는 마음이 식는다

긍정적으로 생각할 수 없다

죽는 것이 두렵다

자신의 기분에 맞추어주기를 바란다

남의 시선이 신경 쓰인다

주름이 늘어난다

남보다 우위에 서려고 한다

사소한 거짓말을 한다

애인이 바람피울까 봐 불안하다

종일 SNS만 들여다본다

예를 들어보자.

"이 회사에서 당신이 할 일은 하루 종일 수학 문제를 푸는 것입니다"라는 말을 들으면 기분이 어떨까?

'그건 말이 너무 지나치잖아!'
'그런 일을 할 바에야 죽는 게 낫겠어.'

이렇게까지 심한 생각을 한 사람도 있을지 모르겠다.

'죽는 게 낫다'는 생각까지 드는 것도 어쩔 수 없는 일이다!
우리는 인간이기 때문이다. '그건 싫어!' 하고 생각하는 것이 생물인 우리의 유전자에 새겨져 있기 때문이다.

그런데도 '일이니까 해보자'는 생각으로 싫은 마음을 억누른 채 수학 문제를 좋아해보려고 노력하겠는가?
그런 사람은 틀림없이 자신을 바꾸려고 무리하게 애쓰는 바람에 스트레스가 차곡차곡 쌓이고 있을 것이다.

그런 식의 스트레스는 내 입장에서 봤을 때 벌레에 물린 오른쪽 팔꿈치를 오른손으로 긁으려고 온갖 자세를 취하다가 짜증을 내는 것과 똑같다.

당연한 이야기지만, 손목과 팔꿈치 사이에는 관절이 없어서 구부려지지 않는다. 그러니까 오른쪽 팔꿈치를 오른손으로 긁는 것은 불가능하다.

인체공학적으로 어쩔 수 없는 것이다!

그러니 오른쪽 팔꿈치를 오른손으로 긁으려는 노력은 정말 어리석은 짓이다. 오른쪽 팔꿈치가 가렵다면 왼손으로 긁으면 되는 일이다.

그렇다면 '당신이 되고 싶은 이상적인 자신'도 노력해본들 이룰 수 없는 것이 아닐까?

이상적인 모습이 되려고 노력할 시간이 있다면, 다른 일에 쓰는 편이 훨씬 낫다고 생각하지 않는가?

'이상적이지 않은 내 모습'에 고민하다 보면 마음이 답답해지기 마련인데, 그 고민을 해결하기 위해 '이상을 실현해보자'

며 필요 이상으로 애쓰고 있지 않은가?

그런 답답함은 의외로 쉽게 해결할 수 있다.

예를 들어, '하늘을 자유롭게 날고 싶다'는 이상이 있다면 꿈은 꿈으로 간직한 채 현실을 인정하는 것이다. 당신이 잘생기지 않았더라도, 성격이 나쁘더라도, 욕구를 통제하지 못하더라도, 그리고 하늘을 자유롭게 날지 못하더라도, 그것은 당신 탓이 아니다. **왜냐하면 유전자의 명령은 강력하기 때문이다!**

물론 새는 하늘을 자유롭게 날 수 있다. 유전자가 새에게 날개를 주었기 때문이다. 하지만 새가 인간처럼 사고하는 것은 불가능하다. 남을 배려하지도 못한다. 인간과 똑같은 능력을 갖춘 뇌가 없기 때문이다.

이는 인간계 안에서도 마찬가지다.

당신에게는 '당신의 유전자'가 있고, 다른 사람에게는 '그 사람의 유전자'가 있다.

그러니까 다른 사람은 할 수 있지만 당신은 할 수 없는 일이 있는

것은 당연하다. 반대로 당신은 할 수 있지만 다른 사람은 할 수 없는 일도 반드시 있을 것이다.

（참고로, 오른쪽 팔꿈치를 오른발로 긁을 수 있는 것은 나의 자랑거리인데, 우리 집 고양이를 흉내 내면서 터득했다.）

그런데도 불구하고 "똑같은 인간이니까 분명히 할 수 있을 거야"라든가 "끊임없이 노력하면 누구나 할 수 있어" 같은 말을 하는 사람들이 있다.

수학 문제를 푸는 것이 특기인 사람이 다른 사람들에게 "제가 할 수 있는 정도니까 여러분도 자신을 믿고 꾸준히 연습한다면 온종일이라도 수학 문제를 풀 수 있어요"라고 말했다고 해보자.

내 마음속에서는 '그만 좀 해!'라는 목소리가 울려퍼진다.

유전자의 영향력을 모르는 사람이기에 그렇게 말할 수 있는 것이다. 우리는 유전자가 초래하는 개인차가 어떤 것인지를 더욱 깊이 이해할 필요가 있다.

2021년 현재, 육상 높이뛰기 세계 기록은 2m 45cm다. 쿠바 선수가 달성한 기록이다. 내 방의 천장보다 높은 곳에 있는 바를 맨몸으로 뛰어넘다니, 인간이 할 수 있는 일이 아니라는 생각이 든다.

그러니 '끊임없이 노력한다면 당신도 세계 기록을 세울 수 있다'는 말을 들어도 믿지 않는다. 세계 기록을 달성하는 운동선수는 천부적인 재능을 타고 난 것이 틀림없기 때문이다.

게다가 재능만으로는 세계 기록을 세울 수 없다. 부단한 노력도 필요하다는 것을 우리 모두 알고 있다. 세계 기록을 달성한 운동선수가 그 대신에 무언가를 포기하고 끊임없이 노력했다는 것 또한 사실이다. 운동선수의 노력은 미담처럼 전해지지만, 그렇다고 해서 너도나도 세계 기록에 도전하겠다고 마음먹는 것은 아니다.

뛰어난 기억력의 소유자이자 서번트 증후군인 킴 픽은 도서관에 있는 책 수천 권을 통째로 암기한 천재였지만, 옷 입기와 같은 일상생활 속 행동은 스스로 할 수 없어서 아버지의 도움을 받아야 했다.

우수한 기억력의 일부를 일상생활에 활용하면 될 것 같다고 생각할 수도 있지만, 그렇게 되지는 않았다. 태어날 때부터 '뇌들보'의 신경회로에 문제가 있어서 뇌 기능이 편중되어 있었던 것이다.

킴 픽은 일상적인 활동을 잘하기 위한 노력을 그만두고, "당신이 태어난 날에는 ○○이 일어났습니다"라고 신문 기사를 완전히 암기하는 능력을 보여주면서 인기를 얻었고 대중 매체에 자주 등장했다.

할 수 있는 것과 할 수 없는 것 모두 개성이다. 할 수 없는 것 때문에 불편하다면 할 수 있게 만들려고 노력하는 것보다 다른 대처법을 생각하는 편이 나을 때가 많다.

세계 기록을 달성한 운동선수도, 서번트 증후군인 킴 픽도, 노력으로 극복할 수 없는 일은 포기하고 자신의 개성을 발휘한 것이다.

'자신의 개성에 따라서, 꾸미지 않고 솔직하게 살았다'고 볼 수도 있다. '개성'이란 유전자의 명령에 따라 만들어진 것이다. 그리고 그 개성이 각 개인의 출발점이다.

더욱 흥미진진한 이야기가 있다.

20세기까지는 체격이나 신체적 능력 같은 '외면'은 유전자에 의존하지만, 계산 능력이나 성격 같은 '내면'은 유전자와 관련이 없다고 여겨졌다.

그 때문에 인간은 교육을 통해 어떤 모습으로든 변할 수 있다는 믿음이 퍼져 있었다.

하지만! 최근의 생물학 연구에 따르면 그것은 오해임이 밝혀졌다.

즉, 유전자는 수학이나 음악 같은 모든 분야의 능력은 물론 성격에도 크게 영향을 미쳐서, 인간의 내면과 외면을 바꾸려면 엄청난 노력이 필요하다는 사실을 알게 된 것이다! 정말 놀라운 일이 아닌가!

물론 "조금만 더 노력해보자"는 말은 유익한 조언이다.

다만 많은 사람들이 어렴풋이 알고 있듯이 인간이 쏟을 수 있는 노력의 총량에도 생물학적인 한계가 있다. 끊임없이 노력하는 사람은 자신의 재능이나 개성과 흥미를 가진 대상이 맞아떨어지기 때문에 그 분야에 노력을 쏟고 있는 것이다.

하지만 당신은 그 사람이 아니다.

그러니까 한정된 양의 노력을 당신에게 정말 필요한 곳에 쏟는 것이 현명하다.

행복한 인생을 위해 가장 먼저 해야 하는 것은 바로 **한 명의 인간으로서 노력해야 하는 것과 포기해야 하는 것을 구분하는 일**이다.

현실에서는 이렇게 중요한 이야기는 거의 하지 않으면서 '힘내자', '더 노력해야 해', '자신을 믿어야지' 같은 구호만이 넘쳐나고 있다. 그리고 할 수 없는 것은 '노력이 부족해서', '신념이 약해서'처럼 당사자의 탓으로 돌리고 있다.

참으로 숨 막히는 세상이다!

이 책에서는 생물학적으로 어쩔 수 없는 일의 대표적인 예 51가지를 소개한다.

이 책을 무언가를 포기하는 데 사용해도 좋다. 반대로 이 책에서 말하는 '어쩔 수 없는 일'이 당신에게는 어려움 없이 할 수 있는 일이라면, 그것은 분명 당신의 무기이자 개성이 될 수 있다.

'노력해도 어쩔 수 없는 일'과 '노력하면 어떻게든 할 수 있는 일'의 갈림길에서 올바른 선택을 할 수 있도록, 이 책이 앞으로의 인생에서 지도가 되어줄 것이다!

그럼 이제부터 본론으로 들어가보자!

차례

제1장

사람이니까
어쩔 수 없다!

사람들 앞에서
이야기하는 게 힘든 건
어쩔 수 없다!

'사람들 앞에서 이야기하고 싶다'고 생각한 적이 있는가?
아마도 그런 생각을 하는 사람은 거의 없을 것이다.

'사람들 앞에서 이야기하고 싶지 않다'고 생각하는 데는 생물
학적인 원인이 있다. 바로 늑대 같은 '포식자가 있을지 모른다'고
느끼기 때문이다.

나는 100명이 넘는 대학생들이 앉아 있는 큰 강의실에서 생
물학과 뇌과학을 가르치고 있다. 수업 중에 학생들에게 "질문
있습니까?" 하고 물어도 누구 하나 손을 들지 않는다. "어쩔

수 없네"라고 중얼거리며 앞자리에 앉은 학생을 지목해 "궁금한 것 없나?" 하고 물으면 싫은 기색이 역력하다. 그런 학생은 반드시 다음 주 수업에서 눈에 띄지 않는 뒤쪽으로 자리를 옮긴다.

한편, 고등학교에 특강을 나가면 전혀 다른 광경이 펼쳐진다. 수많은 학생들이 그날 처음 만난 나에게 연달아 질문을 퍼붓는다. 그럼 '수업할 맛이 나는 걸' 하고 나도 모르게 수업에 열을 올린다.

그러다 보면 이런 의문이 들기도 한다. 고등학교에서는 시끄러울 정도로 질문 공세를 펼치던 학생들이 왜 대학에 가면 입을 다무는 것일까?

이 의문에 대한 답은 생물학에 있다. 고등학교 교실이 사슴들이 사이좋게 모여 있는 평화로운 곳이라면, 대학교 강의실은 사슴들 뒤에 늑대가 숨어 있을지도 모르는 위험한 곳이라고 볼 수 있는 것이다.

우리들 인간은 잡아먹느냐 잡아먹히느냐의 가혹한 경쟁을 이겨낸 영장류*에서 진화되었다. 인간과 가장 가까운 동물은 침팬지와 보노보다.

대부분의 동물은 혼자일 때 약한 존재다. 늑대 같은 포식자에게 둘러싸이는 순간 끝장이다. 그러니까 사슴처럼 무리를 짓는다. 동료들과 무리를 이루면 안심할 수 있다. 무리 중 누군가가 늑대를 재빠르게 발견해 무리 전체가 도망치면 늑대의 사냥 작전을 무력하게 만들 수 있기 때문이다. 최악의 경우라 하더라도 한 마리가 희생하면 나머지는 달아날 수 있다.

고등학교 교실에서 주위에 있는 사람은 서로를 잘 아는 친구들뿐이다. 그에 비해 대학교 강의실에는 모르는 학생들도 많이 앉아 있다. 그런 강의실에서 질문을 하면 낯선 사람들의 시선을 한눈에 받게 된다. 숨어 있는 늑대들이 자신만 노리고 있는 것처럼 느껴지는 것이다.

---

* 동물 분류에서 '영장목'이라고 하는, 인간을 포함한 고도로 진화된 원숭이의 친척들.

물론 우리는 늑대가 없다는 것을 알지만, 낯선 사람에게 공격 당할 수 있다는 경계심은 좀처럼 떨칠 수가 없다. 그만큼 강력한 경계심을 가졌기에 살아남을 수 있었던 개체의 자손이 지금의 우리들이다.

따라서 당신이 사람들 앞에서 이야기하기를 어려워하는 것은 생물학적으로 어쩔 수 없는 일이다.

한편 사람들 앞에서 이야기하는 것을 힘들어하지 않는 사람도 있다. **모르는 사람에 대한 경계심이 애초부터 약한 사람, 또는 사람들 앞에서 이야기하는 것에 익숙해진 사람**이 그렇다.

　전자는 생물학적인 돌연변이*로, 자연계에서는 포식자에게 가장 먼저 잡아먹혀 살아남을 수 없다. 그런데 인간 사회에서는 그러한 위험이 없어졌으므로 소수이기는 해도 살아남아 있다. 그런 사람들이 이제는 부러움의 대상이 되었다.

---

* 인간을 이루는 유전 정보가 자손에게 유전될 때 우연히 발생하는 복사 실수로, 진화의 원동력이기도 하다.

후자처럼 사람들 앞에서 이야기하는 것에 익숙해지려면 경험이 필수다. 나 역시 25년이 넘는 강의 경험을 통해 익숙해질 수 있었다.

덧붙여, 이야기 내용에 자신감을 가지는 것도 중요하다. 나도 '생물학이나 심리학에 대해서 이야기해보라'는 요청을 받는다면 어려울 것이 없지만, 기업가들 앞에서 '기업 경영에 대해서 이야기해보라'는 요청에는 움츠러들게 된다.

어릴 때부터 사람들 앞에서 말하기에 익숙해지려면 연극 연습이 도움이 된다고 한다. 단역이라도 상관없으니 무대 공연을 계속해서 하다 보면 점점 익숙해진다는 것이다. 초등학교에서 하는 학예회는 그런 의미에서 중요한 이벤트다.

학예회 무대에서 너무 떨린다면 '객석에 있는 사람들을 호박이라고 생각하라'고 조언하기도 한다. 물론 눈앞에 호박밭이 펼쳐진 곳에서 공연을 한다면 그렇게 긴장되지 않을 것이다. 하지만 모르는 사람들이 자신을 뚫어지게 지켜보고 있는 모습을 눈앞에 두고 '호박이다'라고 생각하기란 쉽지 않다. 현실적으로 훈련하기도 어렵다. 연극 활동으로 긴장감을 극복하는 것도 시간이 비교적 많은 학생이라면 몰라도 사회인에게는 실행하기 어려운 방법이다.

인간도 다른 동물들처럼 경계심이 앞선다. 안타까운 일이지만, 그러한 경계심 때문에 사람들 앞에서 이야기하기를 어려워하는 것이다.

 포기하자. 모르는 사람을 포식자라고 인식하니까.

불안해지는 건
어쩔 수 없다!

불안이란 작은 공포가 만성적으로 쌓여서 해소되지 않은 상태다.

공포란 생존을 위협하는 위험한 상태를 피하는 마음의 작용이다.

적에게 공격을 받는 경우에 대처할 수 있는 방식은 싸우거나 도망치거나 숨는 것이다. 싸워서 이기면 기분이 좋아지고, 완전히 도망치면 안심하게 된다. 하지만 숨는 것은 전혀 다른 문제다.

위험에 맞닥뜨렸을 때 숨는 방식을 택하면, 숨어 있는 동안에 위험이 없어졌는지 아닌지 알 수 없다. 숨어 있다가도 적에게 발각되면 싸울지 도망칠지 다시 한번 결정해야 하므로 경계를 늦출 수도 없다. 위험이 없어지지 않은 상태에서는 코르티솔*이 계속 분비되어서 건강에 나쁜 영향을 미친다.

불안에는 발단이 되는 공포 대상이 있다.

예를 들어, 불편한 상사에게서 잔소리를 자주 듣는다고 해보자. 잔소리를 들을 때마다 고개를 떨구고 그 순간이 지나가기만을 기다린다면 경계심은 지속된다. '오늘도 한 소리 들으려나' 하고 늘 생각하기 때문이다. 퇴근 후에도 회사에서의 일을 떠올리거나, 내일 상사와 나눌 대화를 상상해 불안은 더욱 심해진다.

생각해보면, 현대사회는 죽음과 맞닿아 있지 않다. **자연계와는 달리, '잘못된 행동을 하면 바로 죽을 수도 있다'고 경계할 필요가**

---

* 공포를 느낄 때 분비되는 호르몬으로, 공포가 사라지면 분비되는 양이 줄어든다. 한편 불안한 상태에서는 계속 분비되어 여러 세포를 파괴한다. 스트레스가 건강에 나쁜 영향을 미치는 것은 코르티솔 때문이다.

없는 것이다. 따라서 상사의 말을 되받아치거나 '또 시작이네' 하고 가볍게 생각하면 대수롭지 않게 처리할 수 있을 것이다.

그런데 인간은 동물적인 반사 반응에서 좀처럼 벗어나지 못한다. 죽고 사는 문제가 아니라는 것을 머리로는 이해하면서도 경계심이 커지는 것이다. 이것은 사실 죽을 것 같은 공포가 줄었기 때문에 오히려 불안이 커진다는 아이러니한 이야기다.

예를 들어, 대규모 자연 재해가 일어났을 때 그곳에서 살아남으면 위험에서 벗어났다는 것을 인식할 수 있으므로 불안이 사라진다. '상사의 잔소리 따위를 신경 쓸 때가 아니다'라고도 생각하게 된다. 즉, **자연계에서는 일반적으로 일어나는 '공포가 찾아와서 그것을 해소한다'는 순환이 안전한 문명사회에서는 없어졌기 때문에 불안이 커지는 것이다.** 우리는 아주 작은 위험도 과대평가해 공포를 만성화하고 있다.

문명사회에서 불안이 심해지는 것은 어쩔 수 없는 일이므로 조금이라도 잘 해소하는 방법을 강구하는 편이 좋다. 가장 좋은 것이 운동이다. 공포에 대처하는 방식인 '싸우기'와 '도망치기'는 둘 다 몸을 움직이는 것이므로, 동물은 공포를 느낄 때 발톱을 드러내거나 엉덩이를 쳐드는 등 움직일 준비를 한다. 하지만 '숨기'는 움직이지 않는 상태이므로 우리 몸에 좋지 않다. 실제로 운동을 하면 공포가 사라졌다고 착각해 몸은 평정 상태를 되찾을 수 있다.

귀신의 집이나 롤러코스터에서 공포를 느끼는 것도 도움이 된다. 공포에 대처할 수 있게 되면 기분이 좋아지기 때문이다.

무죄

포기하자. 죽을 것 같은 공포가 줄어서 느끼는 불안이니까.

03

맛있는 음식을 먹고 살이 찌는 건 어쩔 수 없다!

자신이 좋아하는 음식을 눈앞에 두고 거절하는 사람은 거의 없을 것이다.

모든 동물은 유전자의 명령에 따라 자손을 번식하는 데 도움이 되는 행동을 하도록 만들어져 있다. 위험한 장소에 다가가면 공포가 작동해 그곳에서 멀어지려고 하고, 생존에 유익한 행동을 하면 즐거워진다. 그래서 우리들도 여럿이 모여 왁자지껄하게 식사하는 것을 좋아한다.

맛있는 음식을 먹는 것은 생존에 유익한 행동이므로 생물학적으로 장려된다. 우리가 맛있다고 느끼는 당분, 염분, 지방,

미네랄은 건강을 위해 꼭 필요한 영양분이다. 또한 노릇노릇하게 구워 부드럽게 씹히는 고기는 소화가 잘되는 단백질이므로 '맛있는 음식' 하면 떠오르는 대표적인 메뉴다.

하지만 식욕이 이끄는 대로 먹기만 하면 금세 살이 찌고 만다. 비만이 대사증후군*으로 이어져 건강을 해친다는 것은 알지만 식욕에 브레이크가 걸리지 않는 것이다. 원인은 **인류 역사상 음식이 풍부하던 때가 거의 없었기 때문에 브레이크가 진화하지 않은 데** 있다.

우리의 조상은 약 300만 년 전부터 수만 년 전까지 오랜 기간 아프리카의 초원에서 수렵과 채집을 하며 살았다. 그런 생활 방식으로는 음식을 충분히 확보하기 어려웠다. 먹을 것을 찾지 못해 며칠이고 굶어야 했을 때도 많았을 것이다.

어쩌다 맘모스 같은 대형 동물을 잡기라도 하면 그것은 그것

---

* 과도하게 뚱뚱한 것보다 과도하게 마른 것이 건강에 더 좋지 않다. 거식증은 죽음에 이를 수 있는 병이다.

대로 큰일이었다. 앞으로 언제 또 잡을 수 있을지 모르기 때문에 최대한 먹어두어야 했다. 고기를 보존하는 법을 몰랐으므로 오로지 먹어서 몸속에 피하지방으로 영양분을 저장해야 했다. 영양분을 충분히 섭취하면 당분간은 배고픔에 시달리지 않아도 되었다. **유전자의 명령에 따라, 그러한 상태가 되면 행복감이 높아졌다.**

이렇게 우리는 맛있는 음식을 보면 사족을 못 쓰도록 만들어졌다. 새는 많이 먹으면 날 수 없으니까 과식하지 않도록 진화했지만, 인류는 그렇지 않다. 특정 시기에, 특정 지역에 한해 먹을거리가 풍부할 때도 있었겠지만, 인구는 금방 늘어서 그 인구를 먹여 살리기에는 부족했을 것이다.* 인류에게 굶주림은 늘 따라다니는 것이었다.

즉, 오늘날 선진국의 상황은 매우 예외적이어서 비만을 예방하기란 쉬운 일이 아니다. 저렴하고 맛있는 음식은 우리 주변

---

* 현재도 지구 규모로 생각해보면 증가하는 인구를 식량이 따라잡지 못하는 상태다.

어디에나 있고, TV 광고나 거리의 간판은 '엄청 맛있어! 더 먹어 봐! 이걸 먹으면 행복해질 거야!' 하고 소리치고 있다.

따라서 인간이 뚱뚱해지는 것은 개인의 잘못이 아니라 살이 찌도록 만들어져 있는 사회 탓이다. 그럼에도 살이 찌는 것을 어떻게든 막고 싶다면 음식을 구하기 어려운 산속으로 들어가는 수밖에 없다.

무죄

**포기하자. '지금 많이 먹어두어야 해'라고
생각하도록 되어 있으니까.**

공부하기 싫은 건
어쩔 수 없다!

당신이 공부를 좋아하지 않는다면, 공부는 하기 싫은 것이 당연하다고 생각할 것이다. 하지만 **생물학적 원칙에 따르면 공부는, 좋아하지 않는 것이 오히려 이상하다.**

앞서 이야기했듯이 동물은 생존에 유익한 행동을 하면 즐거워지도록 진화했다. 만약 생존에 도움이 되는 행동이 싫다면 그 개체는 자손을 남기기 어려우므로, '싫다'고 명령을 내리는 유전 정보는 없어지고 만다.

공부가 문명사회에서 살아남는 데 도움이 된다는 것은 의심

할 여지가 없는 사실이다. 법률, 계약 등 사회 제도는 읽기 쓰기를 통해 배울 수 있고, 기계 설계나 비즈니스 기획을 하기 위해서는 전문 지식을 공부해야 한다. 열심히 공부해 사회 발전에 기여하면 연봉이 올라서 더 윤택한 삶을 살 수 있다. 그런데 왜 공부를 싫어하는 사람이 많은 것일까?

공부가 중요해진 것은 불과 수천 년 전에 문명이 등장하고 난 뒤의 일이다. 그 전에는 문자조차 없었으므로 공부를 하려고 해도 할 수 없었다. 말은 자연스럽게 익힐 수 있는 것이다. 창, 활, 화살을 만드는 법은 일부러 배워야 하는 것이었지만, 그역시 다른 사람을 보고 따라하면서 저절로 익혔을 것이다. 또한 모든 사람이 활과 화살을 만들 필요는 없었으므로 가장 잘하는 사람이 도맡아서 작업했을 것이다.

문명이 시작된 후에 공부가 필요해졌지만 모든 사람이 공부를 하게 된 것은 최근 100~200년 사이의 일이다. 즉, **인간의 역사상 공부를 싫어하는 것이 극단적으로 불리했던 적은 없었으므로, 공부를 싫어하는 유전 정보가 없어지지 않은 것이다.**

책상 앞에서 의자에 앉아 공부하는 것보다 산과 들을 뛰어다니는 것이 수렵 훈련이었고, 사람들과 대화를 나누는 것이 팀워크 훈련이었다. 우리가 '놀이'라고 생각하는 것의 대부분이 어른이 되고 나서의 생활에 도움을 주는 기본 훈련이었던 것이다. 사자 같은 맹수의 새끼들도 놀이를 하는 것처럼 보이는데, 그 역시 명백한 사냥 훈련이다.

수렵 채집 시대와 농경 시대 모두, 어른이 되어 일을 잘하는 데 잘 노는 것이 도움이 되었다. 그랬던 것이 사회가 복잡해지고 과학 기술이 고도화된 오늘날에는, 시민의 대부분이 '노는 것보다 공부가 중요하다'는 믿음으로 끊임없이 공부하고, 지식 집약형 업종*에서 일하는 것을 지향하도록 변했다. 그 외의 일은 인공지능을 탑재한 기계가 대신하는 시대가 도래하고 있는 것이다.

하지만 공부를 싫어하는 사람이 억지로 공부해야 하는 사회

---

* 수많은 기존 지식을 활용할 수 있어야 하는 업종으로, IT 시스템 개발 등이 해당한다.

를 행복한 곳이라고 할 수 있을까?

나는 그렇지 않다고 본다. '공부를 안 하면 일자리를 얻을 수 없어'라고 생각할지도 모르지만, 애초에 인간이 힘든 일을 하지 않아도 살 수 있게 하려고 만든 것이 기계다. 기계가 대신 일을 해준다면 인간은 놀아도 되는 것이 아닐까?

그러니 공부를 싫어해도 괜찮은 사회가 되면 좋지 않을까 하고 소망해본다.

 포기하자. 아직은 공부를 좋아하도록 진화하지 않았으니까.

월급을 받자마자 충동구매를 하는 건
어쩔 수 없다!

돈이 굉장히 편리한 도구라는 것을 알고 있는가? 만 원권 한 장은 어떤 만 원짜리 상품이나 서비스와도 교환할 수 있다. 교환하기까지는 '무엇을 살까' 이런저런 행복한 상상이 펼쳐 진다.

하지만 충동구매를 하는 사람은 상상의 나래를 펼치기보다 현실의 물건을 소유하는 것을 우선시한다. 물건을 사고 나면 '다른 걸로 살 걸' 하고 후회하기도 한다.

돈은 문명이 시작된 후에 등장했다. 그 전까지는 물물교환 방식으로 교역을 해왔다. 사람들은 각자 자신이 사는 지역에서 풍부하게 얻을 수 있는 물건을 가지고 모여서 다른 지역의 물건과 교환했다. 이때 자신이 가지고 온 물건을 그것보다 더 가치 있는 물건과 교환할 수 있었으므로 모두에게 만족스러운 일이었다.

돈이 등장하고 이 교환 관계가 경제 활동에서 중요한 자리를 차지하게 되었다. 일(=노동)을 해서 사회에 공헌하고 그 대가로 급료(=돈)를 받는다. 이러한 방식으로 상품을 구매하면 그 상품을 생산한 사람에게 돈이 돌아간다. 그 결과 사회에서는 분업이 이루어지고 생산성이 높아져서 경제가 성장하는 것이다.

그런데 만 원짜리 지폐는 종잇조각에 불과하고, 그 가치는 '앞으로 물건을 살 수 있다'는 교환가치*다. 미래를 상상할 수 있다면 살 수 있는 물건의 선택지가 넓어져서 상상 자체를 즐길 수도 있으나, 사람에 따라서는 현재를 우선시하기도 한다.

---

* 돈의 가치는 국가의 중앙은행이 시장을 통해서 안정화하고 있다.

만 원짜리 지폐가 종잇조각일 뿐이라면, 유행하는 옷이나 인기 있는 액세서리와 교환해 물건을 가질 때 가치가 더욱 커진 것처럼 느껴지기 때문이다.

동물의 입장에서 생각해보자. 종잇조각을 주면서 '나중에 가치 있는 것과 교환할 수 있다'고 알려준다고 한들 제대로 이해할 수 없을 것이다. 종잇조각보다 먹을 수 있는 것을 원하고, 교환할 수 있다면 곧장 먹을 것으로 바꾸려 할 것이다. 동물에게는 미래보다 현재가 중요하다.

인간도 이러한 동물과 다를 바 없다. 돈이라는 종잇조각을 당장 현실의 물건으로 교환해 만족하고 싶은 것이다. 그러한 마음이 드는 주요 원인은 돈이 문명 시대 이후에 등장한 데서 찾을 수 있다. 아무리 인간이라고 해도, 돈이 가진 미래의 교환가치를 충분히 이해할 정도로 진화되지는 않은 것이다.

충동구매는 미래보다 현재를 중시하는 근시안적인 태도를 보여주는 것이긴 하지만, 경제에 도움이 되는 것도 사실이다.

'이 돈으로 나중에 무엇을 살까' 하고 생각만 한다면 그동안에는 돈을 사용하지 않으므로 사회에 돈이 돌지 않는다. 이는 사람들의 분업 체제가 정체되는 것으로 이어진다.

충동구매를 통해 경제는 더욱 활성화되므로, 사회적으로는 '충동구매=장려되는 행동'이다. 그러니까 물건을 구매한 후에 '다른 걸로 살 걸' 하는 후회가 든다면, 더 노력해서 그것까지 살 돈을 모으자.

 포기하자. 돈보다 현실의 물건이 더 가치 있다고 느끼니까.

짜증이 나는 건
어쩔 수 없다!

아이들도 짜증을 낼까? 좋아하는 장난감이 망가졌을 때, 아이들은 물건을 집어던지거나 날뛴다. 자기 마음대로 되지 않는 현실에 부딪혀 떼를 쓰는 것인데, 조금만 지나면 언제 그랬냐는 듯이 잠잠해진다.

동물도 마찬가지다. 자기 마음대로 되지 않으면 사력을 다해 어떻게든 해보려고 한다. 그렇게 한 번 애써보고 나서 '어쩔 수 없구나' 하고 깨달으면 포기하고 물러난다. 아이들과 마찬가지로 짜증과는 거리가 멀어 보인다.

어른들이 쉽게 짜증을 내는 것은 아이들처럼 물건을 집어던지거나 날뛸 수 없기 때문이다. 인간은 '동물처럼 문제를 힘으로 해결하려고 하지 말자'고 정했으므로 아이처럼 분풀이를 할 수 없게 되었다.

하지만 바로 얼마 전까지만 해도 분쟁을 해결하는 주요 수단은 폭력*이었다. 현대사회의 규칙은 '비폭력'이지만, 우리의 마음에는 '우선 폭력으로 해결하려고 시도해본다'는 생각이 자리 잡고 있다. 이것이 갑질을 하는 이유이기도 하다.

'비폭력'을 실천하는 우리는 신체가 폭력 태세를 갖추어도 그것을 억제한다. 그래서 짜증이 나는 것이다. 뇌는 폭력 지향적으로 활성화되어 있는데 폭력을 휘둘러서는 안 되는 괴로운 상태다.

---

* 지금도 세계 각지에서는 전쟁이 끊이지 않고 있지만, 인류 역사상 폭력으로 사망한 수는 감소하고 있다는 사실을 데이터를 통해 알 수 있다.(스티븐 핑커, 『우리 본성의 선한 천사』)

짜증을 누그러뜨리려면 활성화된 뇌를 진정시켜야 한다. **그럴 때 도움이 되는 것이 '한숨'이다.** 숨을 완전히 뱉어내면 폐에 공기가 없어져서 뇌로 공급되는 산소가 줄어들기 때문에 활성화된 뇌세포에 영양분이 도달하기 어렵다. 산소가 부족하다는 위험을 감지한 뇌는 진정하려고 한다.

단, 부하 직원이 자신의 생각대로 움직이지 않아서 짜증이 났을 때 한숨을 쉬면, 상대방은 자기 보라는 듯이 한숨을 쉬었다고 생각해 안 좋은 인상을 줄 수도 있다. 그럴 때에는 조금씩 오랫동안 숨을 뱉어내면* 주변 사람들에게 들키지 않고 마음을 진정시킬 수 있다.

한편, 현대에 들어서는 새로운 종류의 짜증이 등장했다. '분쟁은 폭력이 아니라 이성으로 해결하자'고 하는데, 이렇게 '이성'을 발휘할 때에도 짜증이 난다.

---

* 요가의 명상, 불교의 좌선에서 쓰이는 '마음을 진정시키는 방법'이기도 하다.

이성을 발휘하려면 복잡한 일을 논리적이고 체계적으로 생각해야 한다. 그때 주로 사용되는 뇌 영역이 이마 바로 뒤쪽에 있는 전전두엽*이다. 이 부분은 가장 최근에 진화된 영역이고, 말하자면 '여전히 진화 중인 뇌 영역'이다.

즉, 현대사회는 이성을 중시하도록 되어 있지만, 인간은 이성을 충분히 활용할 정도로 진화하지 못한 것이다. '이성을 발휘해서 논리적으로 생각하려고 해도 잘 안 된다', '감정을 이성으로 억누르려고 해도 그렇게 되지 않는다'라며 짜증이 심해진다. 마음먹은 대로 되지 않는 생물학적인 이유가 있으니 어쩔 수 없는 노릇이다.

그럼에도 불구하고 현대사회에서는 교육을 통해 이성을 발달시키려고 한다. 젊은 사람들이 공부를 싫어하는 것도 이해가 된다. 전전두엽피질은 가장 최근에 진화된 부분이므로, 아이

---

* 태아의 성장 초기에, 체형이 물고기와 비슷한 시기가 있다고 들어본 사람도 있을 것이다. 태아는 생물의 진화 과정을 거쳐서 성장한다. 따라서 가장 최근에 진화된 뇌 영역은 가장 나중에 발달한다.

들의 전전두엽은 미완성인 상태다. 우리 모두가, 특히 젊은 사람들은 더더욱, 공부하려고 하면 할수록 마음처럼 되지 않는 자기 자신에게 짜증이 나는 것은 어쩔 수 없는 일이다. 물론 공부를 하면 이성이 발달하는 것도 사실이다.

이왕 이렇게 된 것, 짜증을 즐겨보는 건 어떨까? 짜증이 나는 것은 전전두엽에 자극이 가해지고 있다는 뜻이다. 이성이 발달하고 있는 것이니까 좋은 일이다. 새로운 취미 활동이나 업무를 시작하면 마음대로 되지 않아서 짜증이 난다. 그래도 머지않아 익숙해져서 잘할 수 있게 된다. 짜증의 끝에는 즐거운 일이 기다리고 있는 것이다.

'그럼 애초부터 짜증이 즐거운 거라면 좋을 텐데' 하는 생각이 들 수도 있다. **사실 진화적으로 오래된 뇌 영역이 이성을 발휘하는 것을 방해하기 때문에 짜증이 나는 것이다.** 이성은 차분하게 생각하는 상태를 만들기 때문에, 신체는 무방비해지기 쉽고, 주위를 경계해야 하는 상황을 초래한다. 그러니 가혹한 자연환경에서 진화된 오래된 뇌 영역은 생각하는 작업을 대충 끝내려고 기분 나쁜 짜증을 작동시키는 것이다.

이제는 목숨을 위협받을 정도로 위험한 일이 거의 없으니까
짜증은 좋은 것이라고 믿도록 하자.

 포기하자. 감정을 이성으로 억제할 수 없으니까.

07

질투가 나는 건
어쩔 수 없다!

질투는 동생이 태어난 첫째 아이에게서 자주 볼 수 있다. 어머니의 애정이나 자기 몫의 간식이 줄어들면 자신의 존재를 주장하기 시작한다. 때로는 어리광을 부리거나 퇴행 행동을 보인다. 어머니도 그것을 눈치 채고 첫째 아이의 응석을 받아준다.

질투의 목적은 자신이 받아야 할 자원이 다른 사람에게 간 상황을 올바르게 되돌리는 것이다. 가족 같은 혈연관계라면 서로 도움을 주고받으며 음식 등을 공유하는 일이 많으므로, 자신에게 할당된 양에 불만을 품고 질투했을 때에 얻을 수 있는 효과가 크다. 질투를 알아챈 사람이 자원을 재분배해주기 때문이다. 동물에게서도 질투와 비슷한 행동이 보이지만, 기본적으로 그것은 자원을 둘러싼 싸움이다. 인간처럼 질투를 표현하고 재분배를 촉구하는 행동은 없다.

인간에게 질투가 생겨난 것은 질투가 유용하게 작동하는 생활을 했기 때문이다. 약 300만 년 전부터 수만 년 전까지 계속된 수렵 채집 시대의 인류는 100명 정도의 작은 집단*을 이루어 협력하며 살았다. 집단의 구성원들은 한 배를 탄 동료였고, 힘을 합쳐 수렵과 채집을 했다. 대형 동물을 잡으면 모두 공평하게 나누어 먹었다.

　수렵 채집 시대의 인류는 이렇게 공평과 평등에 대한 감각을 키웠다. 질투는 그 반대다. 질투를 표현하면 '공평하지 않았나?' 하고 재분배가 이루어진다. 즉, 질투가 힘을 발휘하는 경우는 협력 집단의 동료를 질투할 때다.

---

* 아프리카의 초원은 먹을 것이 충분하지 않아서 한곳에 많은 사람들이 모여 살 수 없었다. 인류학자인 로빈 던바는 한 무리의 최대 인원이 150명이었다고 추정한다.(로빈 던바, 『던바의 수』)

그런데 문명사회에 들어서자 한 배를 탄 협력 집단은 사라지기 시작했다. 좋든 싫든 개인주의 사회가 된 것이다. 따라서 자신이 받았어야 마땅한 상금을 다른 누군가가 받더라도 분하기는 하지만 어쩔 수 없었다.

단, 자신과 함께 활동하고 모르는 것은 서로 알려주며 도움을 주고받던 동료가 상금을 받는 경우라면 이야기가 달라진다. 상금을 받은 사람은 동료들과 상금을 나누거나, 식사를 대접하면서 감사한 마음을 표현할 필요가 있는 것이다. 그렇게 하지 않고 상금을 독차지한다면 동료들이 질투를 하며 고마움을 표현하라고 강요할 만하다. 또한 감사를 표현하는 것은 도덕적으로도 타당한 행동이다.

그런데 요즘은 주위의 동료가 아닌 누군가가 '대박 났다'는 식의 성공담을 SNS를 통해 알 수 있는 시대다. 평소에 그 사람의 SNS를 보고 '좋아요'를 누르면서 응원하다 보면 동료 의식이 생기는데, 그것은 자기 혼자서 멋대로 느끼는 동료 의식이다. 그런데도 그 사람이 성공하면 질투를 느끼는 것이다.

이러한 질투는 착각이다. 동료가 아니니까 재분배는 이루어지지 않는다. 문명 시대에 들어서는 정당하게 질투할 만한 상황이 계속 줄어들고 있다.

무죄

포기하자. 자기 멋대로 동료 의식을 가진 것이니까.

밤에 고독해지는 건
어쩔 수 없다!

앞서 말했듯이, 우리의 조상은 100명 정도가 모인 작은 집단에서 평생 공동생활을 했다. 물론 잘 때도 함께였다. 맹수가 어둠을 틈타 공격해오면 모두 힘을 합쳐 내쫓았다.

공동생활을 할 때에 답답한 점도 있었을 것이다. 집단의 규칙을 지켜야 하고 집단에서 자신에게 기대하는 역할도 수행해야 했다. 그러니 문명사회에서는 집단의 속박이 싫어서 개인으로 생활하는 경향이 강해졌다.

맹수에게 공격당할 일이 없어졌으므로 밤에 혼자 자도 안전하다는 점 역시 개인화 경향이 강해지는 데 한몫했을 것이다.

하지만 마음이 작동하는 방식은 문명사회의 개인화 경향에 적응하지 못하고 있다. 여전히 밤은 위험하다고 느낀다.* 어둠 속에 맹수가 없다는 사실을 알면서도 공포를 느끼게 되며, 거기에 유령이 있다는 둥 망상에 빠지는 사람도 있다. 유령은 '알지 못하는 적'이며, 오늘날에는 위험한 존재를 상징한다.

따라서 곁에 누군가가 없는 밤이면 쉽게 고독을 느끼고 더욱 외로워지는 것이다.

깊은 밤의 고독을 이겨내고 싶다면 유령이 있다는 망상 대신 연예인에 대한 공상에 빠지는 것이 도움이 된다. 좋아하는 연예인의 포스터를 벽에 붙이고 옆에 있다고 상상하는 것이다. 그러면 고독한 마음이 점점 해소된다.

하지만 이러한 상상이 도를 넘으면 문제가 된다. 그 연예인이

---

* 사실 인간을 포함한 영장류의 공통된 조상은 야행성으로 알려져 있다. 그 때문에 인간의 색상 감지 능력은 조류보다 떨어진다.

결혼한다는 소식을 들으면 자신의 연인을 빼앗긴 것처럼 느껴져서 질투에 휩싸이거나 스토커가 되기도 한다. 그러니 적절한 수준의 상상으로 고독한 마음을 달래자.

단, 낮 시간에도 고독하게 지내는 것은 바람직하지 않다. 우리의 마음은 대부분 사이좋은 협력 집단에 어울리는 쪽으로 작동하게 되어 있다. 이것 역시 수렵 채집 시대의 흔적이다. 하루 종일 다른 사람과 교류할 일이 없다면 마음은 쉽게 병들고 만다.

　밤에 고독한 것이야 어쩔 수 없는 일이라 해도, 낮에는 친구들과 함께 웃고 떠들며 즐겁게 활동하고 싶은 것이다.

 포기하자. 여전히 밤은 위험하다고 느끼니까.

생물학적으로 어쩔 수 없는 게 아니다!

적절한 상상력은 도움이 된다

인간은 동물 중에서 유일하게 문명사회를 구축하고 지구를 지배하고 있다. 어떻게 그런 일을 해낼 수 있었을까? 인간의 어떤 능력이 영장류 중 인간만을 그렇게 특별한 존재로 만든 것일까?

인간의 대표적인 능력 중 하나는 '상상력'이다. 동물 중에서 유일하게 인간만이 과거를 떠올리거나 미래를 예측하는 등 보이지 않는 현실을 상상할 수 있다.

상상력은 과학 기술이 발전하는 데 기여했다. 왜냐하면 과거의 경험에서 패턴을 도출하고 지식을 습득해 미래를 예측할 수 있었기 때문이다. 이렇게 지식을 축적함으로써 우리의 생활은 비약적으로 발전했다.

'인간이니까 어쩔 수 없다'고 생각하는 점도 상상을 통해 조금은 해결할 수 있다.

이 장에서 설명했듯이, 관객을 호박이라고 상상할 수 있다면 긴장감을 해소할 수 있고, 성적이 오른 덕분에 사회에서 성공한 미래를 상상할 수 있다면 지금 더 열심히 공부할 수 있는 것이다.

한편 과도하게 상상하는 것은 문제다.

자신이 연예인과 사귀고 있다는 망상에 빠져서 스토커가 될 수도 있고, 아무것도 없는 어둠 속에서 유령을 볼 수도 있다.

또한 병에 걸리면 '죽을지도 모른다'고 상상하며 필요 이상으로 비관하기도 한다.*

우리의 감정과 욕구를 이성으로 통제하기란 불가능에 가깝다. 하지만 이성을 발휘해 적절한 수준으로 상상하는 것은 비교적 쉬운 일이다.

그리고 다행스럽게도 상상을 이용하면 감정과 욕구를 어느 정도 조절할 수 있다.

생물학적으로 어쩔 수 없는 일은 수없이 많지만, **어떻게든 고치고 싶은 문제라면 적절한 수준의 상상을 통해 극복해보자.**

생물학적으로 몸에 배어 있는 상상력이 생물학적으로 어쩔 수 없는 일을 '어쩔 수 있는 일'로 만들 방법을 마련해주고 있는 것이다.

---

* 침팬지는 동물 분류상 인간과 가까운 종이지만 상상력은 한정적이어서 죽을병에 걸려도 태연하게 지낸다는 사실을 지적하는 연구가 있다.(마쓰자와 데쓰로, 『상상하는 힘(想像するちから)』 국내 미출간)

제2장

게을러지는 건
어쩔 수 없다!

정리하지도, 버리지도 못하는 건
어쩔 수 없다!

지금 살고 있는 집의 서랍장이 벌써 몇 년 동안이나 사용하지 않은 물건들로 가득 차 있지 않은가? 어디에 무엇이 있는지 알 수 없는 상태라서, '분명히 어디에 있긴 할 텐데, 못 찾겠으니까 또 사고 말았다'는 경험도 적지 않을 것이다.

수렵 채집 생활을 한 인간은 물건을 많이 갖지 않았다. 사냥감을 쫓아서 이동하는 생활을 했으므로 기껏해야 들고 다닐 수 있는 정도의 물건만 소유했다. 그러니 정리하는 습관은 물론, 정리라는 개념조차 없었을 것이 분명하다.

그런데 문명 시대가 되고 나서 인간은 집을 짓고 한곳에 정착해 물건을 소유하기 시작했다. 집안은 계절에 맞는 옷, 장식품, 요리 도구, 가구, 생활용품, 잡화, 레저용품, 전자제품, 문구 등 수백 개에서 수천 개에 이르는 물건들로 넘쳐나게 되었다. 그런 물건들을 정리 정돈하지 못하는 사람들이 대부분일 것이다.

물건을 정리하지 못하는 데는 두 가지 이유가 있다. **첫 번째 이유는 아주 오래전부터 정리라는 작업을 하지 않았으므로 그에 어울리는 능력이 생물학적으로 진화하지 못했기 때문이다.** 그러니 열심히 노력해서 몸에 익히지 않으면 안 된다. 물건을 사용하는 경우와 빈도에 따라 물건을 보관할 장소를 정하고, 필요할 때마다 꺼내 쓸 수 있도록 관리해야 한다. 사용한 후에 제자리에 놓는 것도 잊어서는 안 된다. 잘 생각해보면 이러한 작업에는 고도의 능력이 필요하다는 것을 알 수 있다.

당신이 정리 정돈을 하지 못하는 것은 지극히 당연한 일이다.

물건을 정리하지 못하는 두 번째 이유는, **우리가 많은 물건을**

갖고 싶어 하므로 집에 둘 수 있는 것보다 많은 양을 소유하기 때문이다. 다양한 상황에 따라 가장 알맞은 도구를 사용하면 편리하고, 지금 유행하는 물건이 집에 있으면 일상생활에 충실해진다.

그러니 점점 물건이 늘어난다. 이제 더 이상 관심 없는 취미 생활을 할 때 썼던 도구나 유행이 지난 물건들을 '아직 쓸 만하고, 언젠가 필요할지 모르니까' 하는 생각으로 정리하지 못한 채 방치하는 것이다.

사용하고 싶을 때 찾을 수 없다면 그 물건은 없는 것이나 마찬가지다. 정리하는 데 방해가 되므로 버리는 게 좋다. 하지만 물건을 버리면 재산을 잃는 것 같기 때문에 쉽게 버리지 못한다. 이미 가치가 없어졌지만* 애착만 남아서 가지고 있겠다고 고집을 부리는 것이다.

---

* 이렇게 가치가 없는 소유물을 매몰비용이라고 한다. 폭락한 주식은 매몰비용이지만 초보 투자자는 그것을 팔지 못하고 계속 가지고 있다.

당신이 물건을 버리지 못하는 것도 지극히 당연한 일이다. 적은 양이라면 물건을 소유하는 편이 생활하는 데 도움이 된다. 하지만 가지고 있는 물건이 너무 많기 때문에 정리도 하지 못하게 되는 것이다. 자, 이제부터 집안의 물건들을 하나씩 중고 마켓에 팔아보는 게 어떨까? 마음이 한결 가벼워질 것이다.

 포기하자. 인간은 물건에 집착하는 존재니까.

마음이 심란해 집중하지 못하는 건
어쩔 수 없다!

일에 집중하지 못하는 것이 고민인 사람도 좋아하는 게임을 할 때에는 엄청난 집중력을 발휘한다. 즉, 집중하지 못하는 것은 '집중해야 하는 것' 말고 '집중하고 싶은 것'이 따로 있고, 거기에 마음을 빼앗겨 주의가 산만해지기 때문이다.

집중하고 싶은 대상이 있다는 것은 좋은 일이다. 인생의 기쁨이기도 하다. 이 사실을 부정해서는 안 된다.

그러니 집중해야 하는 것에 대해 생각해보자. 집중해야 하는데 집중할 수 없다면, 그러한 사태의 책임은 사회에 있다.

수렵 채집 시대를 떠올려보자.

몇 시간이고 초원을 걷고, 사냥감을 몰아넣어 '이제 쏘기만 하면 돼' 하고 판단한 순간, 또는 먹을 수 있는 나무 열매를 발견한 순간, 작업에 집중하지 못하는 사람은 아마 없었을 것이다.

그러한 순간에 '집중해야 한다'고 느낄 수 없다면 집중하지 못하는 것이, 아니 집중하지 않는 것이 당연하다. 그것을 개인의 집중력이 부족하다거나 주의가 산만하기 때문이라고 지적하는 상사가 있다면 그 상사에게 리더십이 부족한 것이다. 부하 직원을 질책하기보다 업무의 의미와 중요성에 대해 이야기하는 시간을 가져야 한다.

이렇게 생각해보자. 기계로도 충분히 할 수 있는 단순 작업을 하루 종일 시간표에 맞추어 하고 있다면, 쉽게 딴 생각에 빠져서 주의가 흐트러질 것이다. 집중력이 떨어지는 것은 당연한 일이다.

한편 주의가 산만한 것은 부정적으로 받아들여지는 경향이 있는데, 꼭 그런 것만은 아니다.

맛있어 보이는 나무 열매를 발견해 다 함께 열매를 따고 있을 때, 수풀 속에 맹수가 숨어 있는 것을 발견했다면 어떻게 하겠는가? 열매는 내팽개치고 쏜살같이 도망칠 것이다. 만약 나무 열매에 집중한 사람이 있다면 가장 먼저 잡아먹히고 만다.

즉, 주의가 산만한 것은 더 중요한 일이 생겼을 때 그쪽으로 사고를 전환하기 위한 자연스러운 기제다. 당신이 회사에서 게임의 최종 보스를 쓰러뜨릴 작전을 세우느라 업무에 소홀해지는 것은 생존 전략의 일환인 것이다.

하지만 그렇다고 해서 업무 시간에 게임을 생각해도 되는 것은 아니다. 문명사회에서 요구되는 것은 업무 시간에 게임 장면이 떠올라도 무시하는 능력, 즉 상황에 따라 무엇에 집중해야 하는지 분별하는 능력이다.

그런데 마음속에 떠오르는 것들의 중요도를 판단하고 덜 중요한 것을 무시하는 데는 고도의 인지 능력*이 필요하다. 문명 사회에서는 그렇게 어려운 일도 해야 하는 법이다.

그러므로 업무의 중요성을 제대로 이해해 더욱 활기차게 일할 수 있는 사회가 되기를 바라는 바다.

 포기하자. 해야 하는 일을 중요하다고 생각하지 못해서니까.

---

* 주의력 결핍 장애(Attention Deficit Disorders, ADD)인 경우에는 이 능력이 부족해 생활에 지장이 생기는 경우가 많다.

11

약속을 잊어버리거나 지각하는 건
어쩔 수 없다!

무언가를 잊어버리는 것은 나쁜 일일까? 사실 꼭 그런 것만
은 아니다.

　나는 직업 특성상 여러 지역의 대학교나 연구소에 자주 출
장을 간다. 그럴 때에는 며칠씩 호텔에서 생활한다. 이전에 가
본 적 있는 호텔에서 또 머무를 때도 많은데, 몇 년 전에 그곳
에서 지냈던 기억이 분명하게 떠오르지 않는다는 것은 꽤 편
리하다.

이렇게 생각해보자. 몇 년 전에 머물렀던 때의 일들을 완벽하
게 기억하고 있다면, 같은 호텔에 묵을 때마다 다른 방을 배

정받는 것 때문에 혼란스러워진다. 일을 마치고 호텔로 돌아갈 때마다 '예전 방과 헷갈리지 않고 잘 찾아왔어' 하며 불확실한 기억에 감사한다. 게다가 주변의 관광지를 돌아다니다 보면 '앗, 여기 또 왔네' 하고 과거에 왔던 기억이 떠오르는데, 그때마다 새롭게 즐길 수 있다는 점도 좋다. 그러니 잊어버리는 것도 중요한 일이다.

인간은 망각의 동물이다. 다른 동물들 역시 그렇다. 같은 경험을 반복해 학습할 수는 있지만, 기본적으로는 잊어버리는 존재다. 하지만 그렇다고 해서 약속을 잊어버려도 되는 것은 아니다.

약속은 문명 시대에 사람들이 분업을 하기 시작하면서 중요해졌다. '당신이 며칠 후에 작업물을 넘겨준다고 했으니까, 나는 그다음 작업을 할 준비를 하고 있겠다' 같은 식으로 약속이 이루어진다. 약속이 지켜지지 않으면 다음 사람이 곤란해지는 것은 물론, 문명사회의 분업 체제가 성립되지 않는다.

그럼에도 불구하고 우리는 약속을 지키는 데 익숙해지지 않았고, 약속이 얼마나 중요한지에 대한 인식도 부족하다. 약속 내용이 자주 바뀌기라도 하면 더욱 더 기억하기 어려워진다. 따라서 약속을 종이에 적어서 벽에 붙여두거나 손에 적어두는 등 잊어버리지 않기 위한 방법을 모색해왔다. 요즘은 스마트폰에 일정을 정리해둔다는 사람도 늘었다.

현대사회에서는 약속을 지키는 것을 개인의 책임으로 보는 경향이 있는데, 사실 지키고 싶어도 못 지키는 사람이 많다. 따라서 약속을 지키기 쉬운 상황이나 약속을 지키지 못해도 큰일 나지 않는 환경을 만드는 것도 중요하다.

우리는 외출하기 전에 많은 작업을 동시에 재빠르게 진행해야 한다. 옷을 골라서 갈아입고, 화장을 하면서 옷매무새도 정리하고, 가지고 나갈 물건을 챙긴다. 그런 때에 갑자기 전화가 걸려오거나 누군가가 찾아오거나 아이가 소란을 피우는 등 예상치 못한 일이 발생하면 정말이지 큰일이다. 패닉 상태에 빠져 외출하기로 했다는 사실 자체를 잊어버릴 수도 있다.*

인간은 순서가 정해진 작업들 사이에 갑자기 끼어든 일을 처리하는 데 약하다. 왜냐하면 하던 일을 도중에 멈추고 끼어든 일에 대응해야 하기 때문이다. 끼어든 일을 처리하고 나면 원래 하고 있던 일로 돌아가야 하는데 그 사실을 잊어버리고 만다.

컴퓨터라면 작업 중이던 것을 통째로 메모리에 기억할 수 있으니 걱정 없지만, 인간의 작업기억이란 그 용량은 매우 작다. 두 자리 수끼리 곱하는 문제를 풀 때 종이에 적지 않으면 풀지 못하는 것이 그 증거다.**

그래도 인간은 다른 동물에 비하면 꽤 우수한 존재다. 다른 동물들은 갑자기 끼어든 일만 처리할 뿐, 원래 하던 일로 돌아가지 않는다. 아니, 돌아가지 못한다. 인간은 어느 정도 시간이 필요하긴 하지만 원래 작업으로 돌아갈 수 있기 때문에

---

* 말이 안 된다고 생각할 수도 있으나 앞에서 언급한 주의력 결핍 장애의 전형적인 증상에 해당한다.

** 전전두엽의 '작업기억'이라고 하는 부분의 용량에 제한이 있기 때문이다.

딱 그만큼 우수하다.

하지만 그러한 약간의 우수성에 의지해서는 안 된다. **현대사회에서는 여러 가지 일을 동시에 척척 해내는 것을 이상적이라고 여기는데, 그것은 인간의 능력을 과대평가해 만들어낸 이상일 뿐이다. 더 이상 자신에게 그렇게 과도한 부담을 지우지 말자.**

요즘은 약속 시간에 늦는 것을 너그럽게 봐주는 분위기다. 다행히 정보 기술도 뒷받침이 되어주고 있다.

SNS를 사용하면 약속한 시간에 회의에 참석하지 못해도 시간차를 두고 이야기를 나눌 수 있다.

이메일을 중심으로 소통하면 갑작스럽게 끼어드는 일을 쉽게 나중으로 미룰 수 있다.

재택근무가 늘어나면 외출을 위한 준비 작업도 확연히 줄일 수 있다.

인간의 본성을 정확하게 이해한다면, 인간에게 과도한 부담을 주지 않도록 첨단 기술을 이용할 수 있다. 그러한 배려가 깔려 있는 고

도의 문명사회야말로 이상적이다.

　우리들 인간은 크게 바뀔 수 없다. 지금 이대로도 충분하다.

 포기하자. 인간은 망각의 동물이니까.

12

동료의 의견에 휩쓸리는 건
어쩔 수 없다!

직장에서 '프로젝트의 향후 계획'에 대해 회의하다 보면, 아무래도 목소리 큰 사람의 의견이 받아들여지기 마련이다. 다른 의견이 없는 것은 아니지만 그 사람에게 싸움을 거는 것처럼 보일까 봐 걱정되고, 의견을 내봤자 통과될 것 같지도 않으며, 지금 여기서 굳이 말할 필요는 없다는 생각에 입을 다문다.

때로는 '동료의 의견에 휩쓸리는 자신'이 싫어지고, '나는 직장 생활에 맞지 않는다'는 생각이 들 때도 있다. 하지만 그렇게 걱정할 필요는 없다. 다른 사람의 의견에 휩쓸리는 것 역시 회사를 위한 일이다.

목소리가 큰 사람의 의견에 따르는 것과 애써 논쟁을 피하는 것 모두 수렵 채집 시대에서 근원을 찾을 수 있는 행동이다. 그 무렵의 작은 집단은 단결력이 큰 힘으로 작용하는 조직이었다. 모두 힘을 합쳐 작업에 임하기 때문에 맘모스 사냥 같은 큰일을 해낼 수 있었다. 의견이 대립해 협력 관계에 금이 가면 집단의 힘은 사라지고 말았다.

즉, 앞서 말한 '프로젝트의 향후 계획' 회의는 이후의 방향성을 검토하는 것이 목적인 동시에, '협력 관계 유지'라는 또 하나의 목적이 숨겨져 있다.

그렇기 때문에 우리는 동료의 의견에 따랐을 때 예상되는 결과가 그렇게까지 나쁘지 않다면, 그 의견에 동조해 분쟁을 일으키지 않으려고 한다. '대립하지 않는 것이야말로 직장을 지키는 일'이라고 무의식적으로 판단하고 있는 것이다.

그렇다면 '프로젝트의 향후 계획'에 대해 솔직하게 의논하기 위해 어떻게 해야 할까? 의견을 주고받다가 대립하게 되더라도 협력 관계가 무너지지 않는 집단으로 만들어두면 된다.

그러한 집단을 지향하는 일본 기업은 전통적으로 다양한 행사를 통해 사원들 사이를 가깝게 만들어왔다. 사내 운동회, 단체 여행, 송년회, 환영회, 송별회 등을 명목으로 열리는 큰 행사를 예로 들 수 있다. 마치 수렵 채집 시대의 협력 집단과 비슷한 모습으로 연출하는 것처럼 보인다.

사원들이 그러한 사내 분위기를 받아들이면, 협력 관계가 무너질지 모른다며 두려워하는 일 없이 자신의 의견을 말할 수 있는 집단이 된다. 하지만 현대에는 사원들 간의 관계가 밀접한 경우에 생기는 부정적인 면이 더욱 부각되어서 사원들이 그러한 사내 분위기를 받아들이지 않는 쪽으로 바뀌고 있다.

전통적인 방법과 달리, 솔직하게 의견을 말할 수 있는 집단으로 만드는 또 다른 방법이 있다. 집단의 대표를 정한 후에, 구성원들이 논의한 결과를 바탕으로 대표가 최종 결정을 내리는 것이다.* 결정에 대한 책임은 대표에게 있으므로, 의견을 낸 구성원에게는 책임을 묻지 않는다. 다만 잘못된 결정을 내린 대표는 결과에 책임을 지면서 곧바로 자리에서 물러난다.

‘다함께 의논하고 다함께 결정하자’는 일본 특유의 방식은 의견을 내기 어렵게 만들기 때문에 사실은 민주적인 것이 아닐지도 모른다. 그러한 상황에서 ‘동료의 의견에 휩쓸리는 것'은 개인의 책임이 아니다.

무죄 **포기하자. 집단에 동조하면 단결력이 커지니까.**

---

* 미국 비즈니스에서 사용되는 방법이다. 미국에서 일하다가 일본으로 온 사람이 '분위기 파악을 못하고 자기 의견만 말한다'며 미움을 받는 것은 이러한 방법이 일본에서는 받아들여지지 않기 때문이다.

13

업무 보고를 미루는 건 어쩔 수 없다!

직장 생활을 할 때에 '호렌소*가 중요하다'는 이야기를 자주 듣는다. 호렌소는 '보고', '연락', '상담'의 일본어 첫 글자를 따서 만든 말인데, 쉽게 소홀해지기 때문에 한 단어로 만들어서 널리 퍼뜨리는 것이다.

그중 상사에게 하는 '업무 보고'가 늦어지기 쉬운 이유는 보고하고 싶지 않기 때문이다.

　일이 순조롭게 진행되지 않을 때 그 사실을 보고하면 부정적

---

* 일본어로 시금치를 의미함. - 옮긴이

인 상황으로 이어지기 마련이다. 사실을 안 상사가 실망해 잔소리를 하거나, 난처해하며 다른 직원에게 그 일을 떠넘기기도 하는 것이다. 그래도 '빨리 보고하는 편이 낫다'고 하는 사람이 없지는 않으나, 보통 사람들에게는 나쁜 일이 여러 번 일어나는 것보다 한 번에 몰아서 일어나는 편이 견디기 쉬운 법이다. 게다가 발각되기 전까지는 적당히 빈둥거릴 수도 있다.

그렇다면 반대로 일이 순조롭게 진행될 때에는 부담 없이 업무 보고를 하는가 하면 꼭 그렇지도 않다.

업무가 잘 되어가고 있다고 보고하면 상사는 기뻐하겠지만, 곧장 더 어려운 다음 업무를 지시할 것이다. 다른 동료의 일을 떠넘기는 경우도 있다. 그러니 보고하지 않고 당분간 어딘가에서 빈둥거리며 쉬는 편이 현명하다.*

이렇게 상사에게 보고하기 싫은 환경이 조성되어 있는데, '보

---

* 성과에 따라 보수가 지급된다면 이러한 문제는 막을 수 있다. 하지만 성과제의 경우에는 적절한 성과 평가가 어렵다는 또 다른 문제가 발생한다.

고서를 제출하라'는 말까지 들으면 귀찮은 마음에 업무 보고는 더욱 늦어진다. 게다가 보고서를 쓰는 동안에는 그때까지 진행 중이던 작업을 잠시 멈추어야 한다. 그렇지 않아도 늦어지고 있던 업무가 보고서를 씀으로써 더욱 늦어진다는 악순환에 빠지는 것이다.

이러한 문제를 해결하는 데도 정보 기술이 도움이 될 것이다. **보고와 연락은 더 이상 필요하지 않다.** 매일의 업무 진행 상황을 앱으로 확인할 수 있도록 해서 직원들끼리 공유하면 되기 때문이다. 오늘날 업무의 디지털화로 그러한 변화가 일어나고 있다.

결국 '상담'만이 상사의 역할로 남게 될 것이다. 예전처럼 부하 직원이 상사에게 상담을 요청하는 식이 아니라, 상사가 부하 직원의 상황을 이해하고 있기 때문에 "의논하고 싶은 것 없어?" 하고 먼저 묻는 식이다. 앱을 통해 부하 직원의 업무 진행 상황을 파악할 수 있는 상사라면 곧장 문제의 핵심을 꿰뚫을 수 있고 정확한 조언을 할 수 있을 것이다.

그러니 상사에게 해야 하는 업무 보고를 미루는 것은 당신 탓이 아니다. 보고하지 않아도 되는 시스템이 아직 회사에 갖추어지지 않았기 때문이다.

 포기하자. 원래 보고 같은 것은 하고 싶지 않은 법이니까.

부하 직원이 내 말을 듣지 않는 건 어쩔 수 없다!

'제대로 조사하고 나서 프레젠테이션하라고 했는데…….' 분명히 부하 직원에게 못 박아 두었는데 아니나 다를까 조사 부족으로 프레젠테이션을 망치고 말았다.

지시에 따르지 않는 부하 직원에게 '지시에 따르는 건 의무니까 위반하면 불이익을 각오해야 한다'고 강조해도 눈 하나 깜빡하지 않는다. 이제 더 이상 명령 한 마디로 부하 직원을 움직이는 '상명하달' 방식은 통하지 않게 되었다. 그것은 **비즈니스를 싸움에 빗대어 만들어낸 오래된 방식이다.**

침팬지가 위계 집단을 만든다는 사실은 잘 알려져 있다. 성별을 불문하고 최상위 계층부터, 제2위, 제3위로 이어지는 서열은 일상적인 힘자랑과 싸움으로 결정되고 유지된다. 침팬지도 인류와 마찬가지로 협력 집단을 이룬 것처럼 보이지만, 사실은 상위 개체의 명령에 하위 개체가 따르는 계층 관계다.* 폭력으로 유지되고 명령에 따라 움직이는 계층 관계는 전투 집단에서 힘을 발휘한다.

한편 수렵 채집 시대의 인류는 전투 집단과는 거리가 먼 협력 집단을 형성했다. 하지만 문명 시대가 시작되어 인구가 증가하고 집단이 커지면서 싸움이 늘어나자, '사이좋은 협력 집단은 비효율적'이라고 여겨졌을 것이다. 그래서 인간도 적극적으로 계층을 나누고 전투 집단을 형성하게 되었다.

인류의 조상이 숲속에서 살던 시대에는 침팬지와 같은 계층 관계를 구축할 때도 있었을 것이다. 그래서 우리에게는 폭력

---

* 상위 계층의 침팬지가 자신의 불이익을 감수하면서까지 하위 개체를 돕는 일은 거의 없다.

을 휘둘러 자신을 따르게 만들려고 하거나, 누군가를 무작정 따르려고 하는 심리가 내재되어 있다.

상대방이 자신의 지시에 복종하게 만들려는 마음의 이면에는 과거의 전투 집단에게 적합했던 의식이 여전히 작동하고 있다. 야만적인 원숭이에게서 물려받은 형질이 드러난 것이다.

현대사회에서는 계층 관계를 바탕으로 한 전투 집단에서 벗어나, 민주적인 집단을 조직하려고 한다. 비즈니스 현장에서도 지시를 따랐을 때 구체적인 이익을 얻을 수 있도록 연구하기 시작했다.

미국식 비즈니스 현장에서는 '커미트먼트(commitment)'라는 개념이 사용되고 있다. 커미트먼트란 문자 그대로 '약속', '관여'를 의미하는데, 넓게는 '주체적인 참여'라는 뜻도 있다. 즉, 조직의 구성원이라고 약속한 이상, 상사의 지시에 따를 의무가 있고, 따르고 싶지 않다면 팀을 떠나도록 되어 있다.*

당신의 직장은 여전히 '상명하달' 방식인가? 아니면 '커미트먼트' 개념을 도입하고 있는가? 현재 어느 쪽에 속하든 아직은 '커미트먼트'를 연구 중인 과도기이므로, 자신의 말을 듣지 않는 부하 직원을 너그럽게 봐주어야 하는 때다.

무죄 **포기하자. 이제 더 이상 전투 집단이 아니니까.**

---

* 일본 기업에서는 조직 편성 자체가 '상명하달' 방식으로 이루어지므로, 개인에게는 조직에 들어가고 나가는 데 선택권이 없어서 커미트먼트가 뿌리내리기 어렵다.

회사를 그만두고 싶어도
그만두지 못하는 건
어쩔 수 없다!

'우리 회사에는 불평만 늘어놓으면서 일은 하지 않는 사람들 뿐이고, 상사는 직원들의 성과를 자기 공으로 돌리고 있어. 동료들은 다들 포기한 얼굴로 의욕을 잃어가는 중이고……. 아아, 차라리 이직하는 게 나으려나.'

하지만 '그래, 이직하는 거야!' 하고 결심해도 금세 주눅 들고 만다. 이직할 회사를 찾고, 입사 지원서를 쓰고, 면접 볼 생각을 하면 갈 길이 멀게만 느껴진다. 게다가 이직이 결정되더라도 '그 회사 사람들과 잘 지낼 수 있을까', '지금보다 더 나쁜 상사가 있을지도 몰라' 같은 걱정이 시작되어, 새로운 직장에 출근하기 전까지 기뻐하고만 있을 수 없다.

결국 '역시 지금처럼 설렁설렁 일하는 게 좋아!' 하고 마음을 돌린다. 지금의 직장이 적당히 빈둥거리며 지낼 수 있는 행복한 곳인지도 모른다.

동물은 의식주가 해결되면 현실에 안주하려 하기 때문에 의욕이 생기지 않는다. 더구나 이직을 결심하면, 설령 '분명히 지금보다 더 좋은 회사가 있다'고 생각하더라도 '만에 하나 더 나쁜 회사에 가게 되면 어떡하지' 하고 경계심이 먼저 발동한다.

만약 당신이 길에서 50만 원을 주웠다고 상상해보자. 정말 기분이 좋을 것이다.

그럼 어쩌다 50만 원을 잃어버렸다고 상상해보자. 크게 충격을 받을 것이다. 전자와 후자 모두 같은 '50만 원'이지만 상대적으로 크기가 다르게 느껴지지 않는가?

대부분의 사람들이 주운 50만 원보다 잃은 50만 원을 더 크게 느낀다.*

　현재 그럭저럭 먹고살 만한 상태라면 이익과 손해를 비교했을 때 **손해가 더 큰 문제라고 인식한다.** 손해에는 살아남지 못할 수도 있다는 공포가 수반되기 때문이다. 그에 비해 이익은 그것을 얻은 후에도 먹고살 만한 상태가 유지되므로 '그렇게까지 크지는 않다'고 느낀다. 이러한 사고 역시 동물적인 행동에 해당한다.

이런 이유로 이직에 도전하는 것은 어렵다. 지금의 직장에 오래 다닐수록 사내 인간관계도 깊어져, 그것이 한순간에 원점으로 돌아가는 것은 손해라는 생각에 이직의 진입 장벽은 한층 더 높아진다.

모험심이 강한 사람이라면 손해 본 것 이상의 이득을 얻겠다며 도전할 수도 있다. 하지만 대부분의 사람들은 현상 유지를

---

* 두 가지 경우의 50만 원에 차이가 없다고 느끼는 논리적인 사람이라면 주식 트레이더에 어울린다.

선택한다. 그러니 현재 직장에서 즐거움을 찾을 수 있다면 그 것만으로도 괜찮은 것이 아닐까?

무죄 **포기하자. 이직이라는 모험에서 득보다 실을 더 크게 느끼니까.**

16

비 오는 날에
외출하고 싶지 않은 건
어쩔 수 없다!

집 밖으로 나가고 싶지 않은 이유는 '직장에 가면 상사에게 잔소리를 들을 테니까', '학교에 가면 수학 시험을 쳐야 하니까'처럼 다양하다. 여기서는 날씨 때문에 나가기 싫은 경우를 생각해보자.

우리는 하늘이 잔뜩 흐리거나 비가 쏟아지는 날에는 외출하기 싫어하는 경향이 있다.

이는 수렵 채집 시대의 생활 습관에 영향을 받은 결과다. 사냥감을 잡거나 나무 열매를 딸 때 날씨는 중요했다. 비가 내리면 그러한 작업의 효율이 매우 떨어지므로 일을 쉬었다. 대신에 동굴에서 빈둥거리거나 차분하게 앉아서 창을 손질했다.

그러한 환경에서 날씨에 구애받지 않고 일하러 나가는 사람들의 집단과 비 오는 날에는 가만히 있는 사람들의 집단 중 어느 쪽이 살아남기 쉬웠을까?

　당연히 후자다. 우리는 '비가 오면 울적해지는 심리'를 획득한 사람들의 후예다.

그러나 문명이 들어선 이후에 그때까지와는 다른 상황이 펼쳐졌다. 농업이 시작되면서 모내기처럼 비 오는 날에도 해야 하는 일이 생긴 것이다. 공업의 등장으로 날씨에 관계없이 공장 안에서 일정한 속도로 정해진 작업을 몇 시간이고 반복해야 하는 일도 생겼다.

더 이상 날씨에 신경 쓸 필요가 없어진 것이다. 때로는 날씨를 신경 쓰는 바람에 손해를 입기도 했다. 하지만 우리의 기분에 관련된 유전자는 그렇게 빨리 바뀌지 않았다. 여전히 비가 오는 날에는 울적해지는 것이다.

다만 유전자에는 돌연변이가 발생한다. 비 오는 날에 우울해지지 않아도 살아남을 수 있는 환경에서는, 사람마다 느끼는 기분의 차이가 커진다. 결과적으로 비 오는 날에 아무렇지도 않은 사람부터 저기압권에 가까워지기만 해도 마음이 가라앉는 사람까지 다양한 차이가 발생한다.

문명사회에는 직업이 다양하므로 일반적인 사람들과 달리 '비를 좋아하는 사람'이 활약할 수 있는 경우도 있다. 예를 들어, 택시 운전사가 그렇다. 비가 오는 날에는 택시를 타려고 하는 사람이 많아지므로 활기차게 일하러 나가는 편이 이득이다.

이렇게 보통 사람들과 다른 면이 강점으로 작용하는 경우가 있으므로 개성을 키우는 것은 중요하다. **그렇다고 해서 억지로 비를 좋아하려고 노력할 필요는 없다.**

우리의 조상은 자연 속에서 오랜 시간 살았기 때문에 햇볕을 받은 나무들이 우거지고 꽃과 풀이 무성하며 맑은 물이 흐르는 산골마을을 좋아했을 것이다. 그러한 환경은 생존하는 데도 유리했으므로 자연을 좋아하는 마음이 우리에게도 남겨져 있다. 우리가 아름다운 자연을 음미할 줄 알고, 여행을 통해 기분전환을 할 수 있는 것도 그 덕분이다. 그러니 지금처럼 자연의 변화에 따라 마음이 바뀌는 것은 괜찮은 일이다.

 포기하자. 비 오는 날에는 동굴 속에 있었던 덕분에 살아남았으니까.

생물학적으로 어쩔 수 없는 게 아니다!

사회성이 자극받는 환경을 만들자

인간이 문명사회를 만들고 지구를 지배할 수 있었던 것은 상상력 덕분이라고 앞서 말한 바 있다. 여기서는 또 다른 요인을 소개하겠다. 바로 사회성이다.

동물 중에서 유일하게 인간만이 다른 사람을 도와주려고 한다. 그리고 '주변 사람들이 자신을 도와줄 것'이라는 믿음을 타고난다. 길었던 수렵 채집 시대의 협력 생활이 이러한 사회성을 진화시켰다.

나아가 사회성은 의사소통 능력을 키우고 언어가 만들어지는 데 크게 기여했다. 주변 사람들이 유익한 정보를 줄 것이라고 믿었으므로 모두가 의사소통을 하려고 했기 때문이다. 서로를 경쟁자라고 생각하면 유익한 정보는 감추려고 하므로 의사소통은 늘어나지 않고 언어도 등장하지 않았을 것이다.

사회성은 우리의 마음에 강하게 동기를 부여한다. 다른 사람을 위한 일이라고 생각하면 의욕이 샘솟고, 상사에게 칭찬을 받으면 애사심이 커진다. 누군가와 함께라면 공부나 다이어트 같은 힘든 일도 계속 해나갈 수 있다. 혼자서는 꾸준히 하기 힘들어서 일부러 친구를 불러내어 함께 달리는 사람도 많을 것이다.

생물학적으로 어쩔 수 없는 일들 중 일부는 자신의 사회성을 자극하는 환경을 찾아내면 개선할 수 있다. 친구가 있다면 서로 협력해야 하는 환경을 직접 만들 수도 있고, 친구가 없다면 그런 환경을 찾으면 된다.

예를 들어, 피트니스 센터에 다닌다고 생각해보자. 피트니스 센터에서 운동을 하게 되는 것은 모든 사람들이 운동을 하고 있으므로 자신도 운동을 하게 되는 동조 현상 때문이다. 그곳에 친구가 없더라도 트레이너가 있으면 운동을 하도록 이끌어준다.

한편 사회성 때문에 다른 사람에게 부정적인 영향을 받는다는 문제도 있다. 경쟁심 때문에 쓸모없는 물건을 잔뜩 사거나, 친구를 따라 나쁜 놀이에 빠지기도 한다. 현대는 소수의 사람들과 깊은 관계를 맺는 것보다 다양한 사람들과 얕은 관계를 맺는 것이 유리하게 작용하는 사회다.*

---

* 이것을 '느슨한 유대의 힘'이라고 하는데, 너무 밀접한 인간관계보다 느슨한 인간관계에서 가치 있는 정보를 얻기 쉬운 경향이 있다는 의미다.

자신에게 맞는 '사회성 자극 환경'을 여러 가지 확보해두면, '생물학적으로 어쩔 수 없는 일'을 극복하고 싶을 때에 도움이 될 것이다.

제 3 장

신경 쓰이는 건
어쩔 수 없다!

17

후회하는 건
어쩔 수 없다!

'오늘 데이트에 빨간 옷을 입고 올 걸', '주가가 폭락하다니! 어제 팔았어야 했는데', '최종 합격한 회사 중에서 여기 말고 다른 회사에 갈 걸 그랬나' 등등, 살아 있는 동안은 매일이 후회의 연속이다.

후회는 과거의 선택을 신경 쓰는 심리다. '상황이 나빠진 것은 내가 잘못된 선택을 했기 때문이야'라며 반성하는 것이다. 그렇게 하면 다음에 비슷한 상황에 처하게 되었을 때 더 나은 선택을 할 수 있으므로 '후회하는 경향'이 유전자에 새겨진 것이다.

동물에게서도 후회와 비슷한 행동이 발견된다. 실험용 쥐가 먹이 그릇에 다가가면 50%의 확률로 전기가 흘러서 쥐에게 전기 충격이 가해지는 실험을 했다. 쥐는 먹이를 먹고 싶어서 먹이 그릇 쪽으로 가는데, 가끔 전기 충격이 가해지므로 먹이 쪽으로 가는 것을 주저하게 된다. 하지만 배가 고파지면 다시 먹이가 있는 곳으로 다가가고 그때 운 나쁘게 전기 충격을 받으면 '또 당했네' 하고 후회하는 듯한 행동을 보인다.

인간의 후회는 동물보다 복잡하다. 동물보다 과거의 경험을 훨씬 많이 기억할 수 있기 때문이다. 우리의 조상들은 수렵 채집 활동에서 실수했던 부분을 후회했기에 성공률을 높일 수 있었다.* 후회한 결과, 사냥감의 행동 패턴, 나무 열매가 익는 시기 등을 습득할 수 있었으므로 먹을 것을 풍족하게 얻을 수 있게 되었다. **이렇듯 과거의 행동을 후회하면 행동의 성공률이 높아지므로 후회는 원래 좋은 것이다.**

---

* 이렇게 경험에서 규칙성을 습득함으로써 과학 기술이 발전하게 되었다.

후회가 분명히 좋은 일임에도 불구하고 왜 후회 뒤에는 기분이 나빠지는 것일까?

그것은 **기분이 나쁜 경우에 과거의 경험을 더 잘 기억하기 때문**이다. 앞에서 '인간과 동물 모두 잘 잊어버리는 존재'라고 했다. 평소에는 그렇지만 공포나 분노 등으로 흥분한 상태일 때에는 뇌에서 노르아드레날린이라는 신경 전달 물질이 분비되고, 그 작용으로 기억력이 좋아진다.**

따라서 조금 기분 나쁜 것 정도는 견디면서 후회하는 편이 좋다고 볼 수 있다. 그런데 현대사회에서는 유전자가 예측하는 정도를 넘어선 사태가 발생하고 있다. 수렵 채집 시대의 단순한 생활에 비해 사회가 급격하게 복잡해지고 있는 것이다. 예를 들어, 이직을 하면서 업무 내용과 인간관계가 전부 바뀌면 이전 회사에서의 경험이 전혀 도움이 되지 않을 때가 있다.

** 과거에 충격적인 사건을 경험한 사람이 이후에도 자주 그 기억이 떠올라 패닉에 빠지는 질환인 PTSD(외상 후 스트레스 장애)의 원인이기도 하다.

게다가 새로운 기술이나 사회 제도가 확립되어 완전히 새로운 경험을 하게 되는 경우도 자주 발생한다. 아예 패턴으로 만들 수 없는 사태에 직면하기도 한다. 예를 들어, 주가가 폭락하는 것을 꿰뚫어보지 못했다고 반성해본들 다음 폭락을 예측하는 것은 거의 불가능하다.

유전자의 입장에서 후회란 하기 마련이지만, 사회적인 관점에서 후회란 해봤자 소용없는 일이다. 그러니 더 이상 후회하는 마음을 신경 쓰지 말고 그것이 자연스럽게 지나가도록 내버려두는 수밖에 없다. '그래도 후회하는 마음을 그냥 두고 볼 수 없다'는 사람이 있다면, 그 또한 어쩔 수 없는 일이다.

포기하자. 미래의 성공률을 높이기 위한 것이니까.

18

주변 사람들의 시선이
신경 쓰이는 건
어쩔 수 없다!

제1장의 "사람들 앞에서 이야기하는 게 힘든 건 어쩔 수 없다!"에서는 적을 경계하는 심리를 다루었는데, 낯선 사람의 시선이 문제가 되는 현상이었다. 여기서는 가까운 사람들의 시선이 신경 쓰이는 현상에 대해 생각해보자.

최근에 일본의 여러 지방에서는 빈집털이 방범 포스터로 가부키 배우처럼 '근엄하게 응시하는 얼굴'을 그린 그림이 자주 쓰이고 있다. 단순한 그림 한 장에 불과하지만 방범 효과는 좋은 것으로 알려져 있다. 누군가가 자신을 지켜보고 있다고 느끼는 것만으로도 사람은 사회의 규칙을 지키려고 한다.

한 심리학 실험에서는 어느 회사의 음료 판매대에 화초 사진과 노려보는 얼굴 사진을 매주 번갈아서 10주 동안 게시했다.* 음료 판매대는 무인 판매 방식으로 직원들이 직접 바구니에 돈을 넣고 음료를 가져가야 했다. 매주 판매액을 집계한 결과, **화초 사진이 있던 주보다 노려보는 얼굴 사진이 있던 주의 음료별 판매액이 많은 것으로 나타났다.**

이 결과는 노려보는 얼굴 사진이 게시되었기 때문에 돈을 내지 않고 음료를 가져가는 사람이 대폭 줄었다는 것을 의미한다.

수렵 채집 시대에는 협력 집단에서 분배가 공평하게 이루어졌다고 앞서 이야기한 바 있는데, 그 시대에도 반칙을 하는 사람은 있었을 것이다. 채집한 나무 열매를 나누기 전에 슬쩍하는 나쁜 사람을 쉽게 예상할 수 있다. 그때에는 **집단의 규칙을 지키는 동료의 눈이 규칙 위반을 방지하는 역할을 했을 것이다.** 아무리 나쁜 사람이라고 해도 도둑질을 들키면 비난받는다는

---

* Bateson, Nettle, Roberts(2006).

것을 알고 있으므로 동료의 눈을 무서워한다.

현대에는 사회 규칙이 법률로 명시되고 위반한 사람은 경찰 등의 공권력으로 단속한다. 하지만 그러한 사회 제도가 정비 되지 않았던 시기의 집단에서는 동료들끼리 서로 감시하는 것이 규칙 위반을 막는 데 큰 역할을 했다. 동료들의 시선을 신경 쓰는 사람이 많은 집단일수록 개인의 행동을 통제할 수 있어서 강한 집단으로 성장했고 살아남기 쉬웠던 것이다.

우리는 반칙하던 사람들의 자손이다. 사소한 범죄를 저지를 수 도 있지만 동료들의 눈이 신경 쓰여서 반칙을 망설인다. 그러 한 심리가 사람들의 마음 한 구석에 숨겨져 있다. 동료들의 눈 이 우리들을 도덕적으로 만들어주는 것이다.

이러한 논리의 관점에서 보면, 날 때부터 도덕적인 사람은 다 른 사람의 시선을 의식할 필요가 없을 것이라고 생각할 수도 있다. 하지만 꼭 그렇지도 않다. 도덕적인 사람도 남에게 의심 받기 싫어하므로 타인의 시선을 신경 쓴다. 평소에 도덕적으로 행동하는 사람도 보는 눈이 있을 때에는 더욱 더 도덕적으로 행동하는 것이다. 그야말로 '오얏나무 아래에서 갓을 고쳐 쓰지 않는' 사람들이다.

따라서 우리가 주위의 시선을 신경 쓰는 것은 매우 당연한 일이다.

무죄

포기하자. 집단의 규칙을 지키기 위한 기제니까.

19

행복한 게 분명한데
부정적인 생각이 드는 건
어쩔 수 없다!

먼저 행복감이 어디에서 오는 것인지 생물학적으로 생각해보자. 동물에게는 살아남아서 자손들이 번영을 이루는 것이 생물학적으로 좋은 일이다. 그러니까 먹을 것이 충분하고 안전한 상태가 행복으로 이어진다고 할 수 있다.

하지만 현실은 조금 다르다. 생물학적으로 감정이란 동물의 행동을 일으키거나 행동의 방향을 설정하는 것이다. 현재 상태가 충분히 만족스러우면 새로운 행동을 하지 않아도 되므로 감정이 일어날 필요가 없다.

다시 말해, 충분히 행복할 만한 상태에서는 행복감이 환기되지 않는 것이다.

사실 행복감은 '이제부터 좋은 일이 있어날 거야'라는 기대로 인해 생기는 것이다. '휴가를 내서 여행 가야지' 하고 마음먹었을 때에는 행복감에 휩싸이지만, 막상 여행을 떠나면 의외로 피로가 쌓이고 기대만큼 즐겁지 않았던 경험을 떠올리면 이해하기 쉽다.

이렇듯 행복이란 느끼기 어려운 것이다. 그렇다면 부정적인 생각은 왜 드는 것일까? 바로 인간은 미래 지향적인 존재이기 때문이다. 앞으로의 일을 이것저것 상상하다 보면 사소한 일도 걱정되기 시작한다. 현재 상태가 만족스러울수록 당연히 미래는 현재보다 나빠질 거라는 생각이 든다.

게다가 과거의 일까지 떠올리면 상황은 더욱 악화된다. 과거의 선택을 후회하고 '그때 다른 길을 택했다면 현재는 더 나아졌을지도 몰라'라고 부정적으로 생각하게 된다. 충분히 행복할 만한 상태이지만 더 나은 것을 상상하다가 후회가 깊어진다.

현대사회는 '선택지가 늘어나서 불행한 사회'라고 주장하는 학자*도 있다. 선택지가 많아지는 것을 행복한 일이라고 여길 수도 있지만 너무 많아지면 오히려 결정을 내리기 어려워진다. 그래서 더 고민하기 싫어서 적당히 선택하면 나중에 더 나은 선택지가 있었다는 것을 깨닫고 분한 마음에 불행해지고 만다.

최근에는 평균 수명이 늘어서 '인생 2막을 준비하라'는 이야기가 나오는 사회가 되었다. '살아 있는 것에 만족하지 말고 더 높은 곳을 향해 노력하라'는 것이다. 그러면 경제도 활성화되고 개인도 풍족하게 살 수 있으므로 정부는 그러한 메시지를 적극적으로 퍼뜨린다.

---

* Barry Schwartz, The Tyranny of Choice, SCIENTIFIC AMERICAN, April, 2004. 선택지를 늘려서 상품을 판매하면 매출이 떨어진다는 사실이 행동 경제학에서 증명되었다.

좋은 환경에서 생활하고 있는 사람들이 현재 상태에 만족하지 못하고 부정적인 태도로 걱정을 하면서 노력하고 있는 것이 현실 사회의 모습이다. 말이 안 되는 것 같지만 이미 그런 사회가 되었기 때문에 어쩔 수 없는 노릇이다. 지금으로서는 받아들이는 수밖에 없다.

부정적인 생각에 빠지는 것 같다면 그것이 '현재가 행복한 상태라는 사실의 반증'이라는 점을 명심하면서 그런 생각에서 벗어나기 위해 조금씩 노력해보는 것이 좋다.

 포기하자. 행복한 순간에는 행복을 느끼지 못하니까.

20

실연당해서 힘든 건
어쩔 수 없다!

연인에게 차이면 괴롭고, 친한 친구라 믿었던 사람에게 무시

당하면 울적해지는 법이다.

수렵 채집 시대는 100명 정도로 이루어진 친밀한 집단이었기 때문

에 이러한 개인 간의 다툼은 오랫동안 영향을 미쳤다. 왜냐하면 그

렇게 안 좋은 일이 있었더라도 상대와 계속 얼굴을 맞대고 생

활해야 했기 때문이다. 그래서 다툼에는 괴로운 감정이 따른

다. 그렇게 마음이 괴로워지면 다시는 싸움이 일어나지 않도

록 하거나, 일어나더라도 사이를 회복하고자 하는 동기가 생

긴다.

하지만 문명 시대가 되면서 사정이 달라졌다. 친밀 집단은 자취를 감추었고 친구나 연인을 집단 밖에서 찾게 되었다. 그렇게 되면 더 이상 괴로워할 필요가 없다. 사이가 틀어지더라도 만나지 않으면 그만인 것이다.

냉정하게 들리겠지만, 요즘에는 실연을 당했다면 슬픔이 깊어지기 전에 바로 다른 사람을 찾는 것이 상책이다. 질투든 후회든 모두 수렵 채집 시대의 유물이다. 현대사회에서 더는 도움이 되지 않는다. 대신에 인구가 늘어난 오늘날에는 무한대에 가까운 선택지들이 우리 앞에 펼쳐져 있다.

불과 10년 전까지만 해도 회사 자체가 친밀 집단을 형성하고 있었으므로 사내 연애나 사내 결혼이 많았다. 여담이지만 나의 부모님도 같은 회사를 다니다가 결혼한 케이스다.

하지만 요즘은 회사에서 사람들과 친밀해지기 어려워졌다. 앞서 말했듯이 협력 관계가 약화된 것이 첫 번째 이유다. 두 번째 이유는 성희롱이나 갑질에 대한 규제가 엄격해졌기 때문이다. 규제를 위반하지 않으려고 노력하다 보면 사내에서 부담 없이 연애 상대를 찾기란 불가능해지고 상사나 선배가 만남을 주선하기도 어려워진다.

나아가 회사 안에서는 친한 동료조차 만들지 않는 사람이 생기고 있다. 친밀한 동료는 위험을 내포하기 때문이다. 사이가 좋을 때에야 문제가 없지만 불화가 생겨서 사이가 틀어지면 문제는 심각해진다. 서로의 비밀까지 다 아는 사이라면* 차마 눈뜨고 볼 수 없는 광경이 펼쳐진다. 애정이 미움으로 돌변해 SNS에 비밀 폭로전이 이어진다. 직장에서 기분 좋게 일하기 위해 친밀한 관계를 피해야 한다니, 정말 아이러니한 이야기다.

상황이 이렇다 보니, 연인을 찾기 위해 데이트 앱을 이용하는 편이 오히려 합리적이다. 모두 연인을 찾는 사람들이라는 것이 분명하고, 몇 가지 조건으로 후보를 추려서 그중 한 사람과 사귈 수 있다. 설령 차이더라도 다른 선택지가 많이 남아

---

* 비밀을 터놓는 것은 평균적으로 여성들 사이에서 많이 일어난다는 사실이 조사를 통해 알려져 있다. 남성은 서로를 경쟁자라고 생각하기 때문인지 비밀을 나누는 경향이 약하다.

있으므로 다음 상대를 찾기 쉽다.

어떤가? '데이트 앱에서 만나는 건 좀 그래' 하는 생각이 든다면 그 또한 수렵 채집 시대의 감정 때문에 상대를 만날 가능성이 줄어드는 것이다. 하지만 그런 마음이 생기는 것 역시 인간이니까 어쩔 수 없는 일이다.

 포기하자. 수렵 채집 시대의 유물인 감정이니까.

21

이웃 관계가 부담스러운 건
어쩔 수 없다!

나는 좁고 오래된 주택에서 자랐다. 집 주변에는 아이들이 있
는 가정이 많아서 이웃 사이가 아주 끈끈했다. 이웃집에 아무
연락 없이 찾아가도 다들 기쁘게 맞아주었다.

그 시절에는 이웃 간의 교제란 꼭 필요한 것이었다. 나는 어머
니의 심부름으로 이웃집에 간장이나 소스를 빌리러 가기도
했다. 한밤중에 찾아가서 "간장 좀 빌려주세요"라고 말하는
것이 처음에는 창피했지만 금방 익숙해졌다. 요즘에야 편의점
이 있으니까 빌리러 갈 일이 없다. 편의점은 편리하지만 이웃
간의 교제를 빼앗아갔다고도 볼 수 있다.

이웃과 잘 지내려는 마음은 동료들과 관계를 유지하고자 하는 수렵 채집 시대의 심리에 따라 지켜진 것이다. 협력 집단의 동료는 서로 도움을 주고받는 의존 관계다. 동료가 난처한 상황에 처했다는 등 사정을 잘 알기에 도울 수 있는 것이다. 이렇게 서로를 속속들이 아는 이웃 사이는 잘 보이려고 꾸밀 필요 없는 편안한 관계여서 긍정적으로 받아들여졌다.

그런데 현대의 이웃 관계는 '조심해야 하는 사이'로 완전히 바뀌었다. 이웃 간의 경제적 격차를 배려해야 하기 때문이다. 예를 들어, 정원에서 바비큐 파티를 하고 싶지만, 맛있는 냄새가 이웃집까지 퍼져서 그 집의 아이들이 "우리도 바비큐 파티해요"라고 조르게 되는, 괜한 민폐를 끼치게 될까 봐 걱정하는 것이다.

예전에는 이웃들끼리 삼삼오오 모여 남의 집 이야기를 했지만, 이제는 다른 사람 일에는 상관하지 않는 쪽으로 바뀌고 있다. 간장이 아니라 돈을 빌리러 오게 되면 곤란하기 때문이다. 그러니 이웃과 친해지는 것이 꺼려질 만하다.

수렵 채집 시대의 동료 관계에서는 평등이 기본이었으므로 돈이 있으면 나누어주는 것이 원칙이었다. 그러한 동료 의식이 남아 있기 때문에 이웃을 사귀는 것을 피하게 된다는 것은 아이러니한 이야기다.

한편 사이좋은 이웃 관계를 잘 보여주는 것이 미국에서 자주 열리는 홈파티다. "오늘 우리집 정원에서 바비큐 파티를 할 거니까 다들 오세요" 하고 이웃에 알린다. 참가할 사람은 각자 먹을 것을 들고 간다. 고기를 사지 못하는 이웃집 아이는 손수 만든 과자를 들고 가면 된다. 만약 빈손으로 가더라도 "다음에 우리 집에서 신작 DVD 상영회*를 할 거니까 보러 오세요" 하고 말하는 것으로 충분하다.

물론 홈파티에 가지 못할 상황이라면 안 가도 된다. 초대하는 쪽도 꼭 오라는 것이 아니라 누구나 올 수 있도록 파티를 여

---

* 예전에 DVD를 사면 부담 없이 상영회를 열 수 있었지만, 넷플릭스로 누구나 신작 영화를 볼 수 있는 요즘에는 상영회를 여는 의미가 없어지고 있다. 편리함이 이웃 사이를 멀어지게 만드는 것이다.

는 것이 목적이므로, '사정이 있어서 못 왔나 보네' 하고 생각한다. 파티에 오지 않았다고 해서 '나를 싫어해서 안 왔구나' 하고 지나치게 억측할 필요는 없다.

이렇게 비교해보니 이웃 관계를 어떻게 생각하는지도, 문화적인 차이에 따라 결정된다고 볼 수 있겠다.

무죄
포기하자. 친밀한 이웃 관계란 현재 일본 사회에는 어울리지 않으니까.

SNS 때문에 지치는 건
어쩔 수 없다!

SNS는 최신 의사소통 도구다. 그런데 우리는 많은 사람들과 소통하는 것이 익숙하지 않다. 그래서 최신 도구를 두고도 제대로 쓰지 못한다.

앞서 말했듯이 인류 문명을 지탱해온 것은 상상력과 사회성이다. 동료가 신경 쓰여서 '무슨 생각을 하고 있는 걸까?'를 상상함으로써 협력하게 되었고, 집단이 공유하는 지식은 늘어났다. 이 과정에서 발생한 것이 의사소통이다.

그런데 의사소통을 하는 규모 때문에 문제가 발생하기 시작했다. 수렵 채집 시대의 동료는 기껏해야 100명 안팎이었다. 그 정도 수라면 '저 사람이 무엇을 생각하고 있는지' 상상하는 것이 어렵지 않았다. 게다가 대부분 매일 만나는 사람이었으므로 자신의 상상과 현실의 행동을 비교해 자신의 생각을 수정할 수도 있었다.

하지만 문명 시대가 되면서 평생에 걸쳐 교류하게 되는 사람의 수가 수백 명에서 수천 명으로 늘어났다. 그중 실제로 만날 기회가 있는 사람은 소수에 불과하다. 그러면 **한 사람 한 사람에 대해 '무슨 생각을 하고 있을까'를 상상하기란 불가능하다.*** 따라서 '세상 사람들이 생각하는 건…' 하고 일반화해 이해한다.

그런 가운데 SNS가 등장했다.

우리는 평소에 만나지 못하는 지인의 모습이나 생각을 SNS를 통해 알 수 있게 되었다. 그것은 기쁜 일인 동시에 악몽의

---

* 애초에 인간은 그렇게 많은 사람들을 식별할 수 없다. 많은 사람을 파악하는 능력은 인류에게 필요하지 않았으므로 아직 진화하지 않았다.

시작이기도 했다.

SNS는 의사소통을 어느 정도는 가능하게 했지만 직접 만나는 것만큼의 깊이는 없다. 따라서 '당신이 마음에 든다'는 사실을 전하려고 해도 정확하게 전달되지는 않는다. 만약 전해지더라도 상대방이 충분히 실감하지 못하거나, 의심이 많은 사람이라면 '일부러 듣기 좋은 소리를 하는 것 같은데' 하고 나쁘게 생각하기도 한다.

이제는 의사소통을 하는 규모와 의사소통의 깊이라는 두 가지 문제를 염두에 두고 SNS를 사용해야 한다. 의사소통 경향은 크게 두 가지로 나뉘고 있다.

하나는 많은 사람들과 가볍게 소통하며 인간관계를 넓히려는 경향이고, 다른 하나는 한정된 사람들과 진지하게 소통하며 인간관계를 깊이 있게 만들려는 경향이다.

이렇게 두 가지로 구분된 이유는, 어떤 경향인지에 따라 의사소통의 형태가 다르기 때문이다. 예전에는 게시판에 알리거나 편지를 보내는 방식으로 나뉘었다면, 비교적 최근에는 방송에 내보내거나 전화를 거는 방식으로 나뉘었다.

그런데 어디에서나 인터넷을 사용할 수 있게 되고 스마트폰이 보급되면서 방송을 통한 소통과 전화를 통한 소통의 경계가 모호해졌다. 그러한 현상을 가장 잘 보여주는 것이 SNS인데, SNS라는 하나의 매체를 통해 인간관계를 넓힐 수도 있고 깊이 있게 만들 수도 있다. 하지만 둘 중 무엇을 추구하는지에 따라서 SNS를 사용하는 방식이 다르므로 둘 다 동시에 얻을 수는 없다. 만약 SNS라는 매체에 기술적인 준비가 되었다고 하더라도 인간이 그에 대응하지 못하는 것이다.

예전에는 자신의 의견을 말하기 위해 교내 방송을 이용하거나 친구에게 전화를 걸었는데, 둘 중 어느 매체를 사용할지 결정한 순간에 깊은 소통을 할지 얕은 소통을 할지가 정해졌다. 그런데 SNS에서 자신의 의견을 말하는 경우에는 자신이 어떤 마음으로 SNS에 글을 쓰는지에 따라서 소통의 깊이가 달라진다.

원래라면 SNS에서 소통을 할 때마다 참가자들 사이에서 소통의 깊이가 합의되어야 하는 것인데, 합의되지 않은 채로 의사소통이 시작되는 것이다.

그 때문에 자신은 친구들끼리 깊이 있는 이야기를 나누고 싶었던 것인데, 상대방은 많은 사람들을 대상으로 한 얕은 소통이라고 받아들여서 친구들만 알아야 하는 정보를 널리 퍼뜨리는 일이 일어난다.

　반대로 자신은 다수를 향해 가볍게 던진 말인데 심각하게 받아들여져서 성가신 상황에 처하기도 한다. 귀찮아서 반응하지 않으면 '메시지를 읽었으면서 무시하는 냉정한 사람'이라는 악평을 받게 된다.

이렇게 SNS에서는 자신도 모르는 사이에 많은 사람들과 깊은 소통을 하게 된다.

　많은 노력이 필요할 뿐만 아니라, 스마트폰으로 언제 어디에서나 접속할 수 있기 때문에 **사람을 직접 만나는 시간이나 혼자서 생각에 잠길 시간을 SNS에 빼앗기고 만다.**

그러니 'SNS 때문에 피곤해', '계정을 삭제할까?' 같은 생각이 드는 것도 당연한 일이다.

포기하자. SNS에서도 고도의 의사소통이 요구되고 있으니까.

성형수술을 하고 싶은 건
어쩔 수 없다!

자신의 얼굴을 마음에 들어 하지 않거나 외모에 과도하게 신
경 쓰는 사람들이 많다. 그런 경우에는 현대의 미용 성형 기
술에서 도움을 받으면 외모를 바꿀 수 있다. 사람에 따라서는
성격까지 밝아질 정도로 변할 수 있다.

하지만 성형수술은 긍정적으로 받아들여지지 않는다. 전통적
으로 '부모님께서 주신 몸에 손을 대서는 안 된다'는 식의 비
판을 받아왔다.

그러한 반감은 과거의 생활양식을 생각하면 이해할 수 있다.

우리들 인간은 얼굴을 보고 개체를 식별해왔다. 수렵 채집 시대에는 성실하게 협력하는 사람인지 집단에 무임승차하는 사람인지 구분해야 했는데, 주로 얼굴을 통해 구별이 이루어졌다.

문명이 시작되고 다른 집단과 교역을 하게 되면서, 믿을 수 있는 사람인지 식별할 때에도 얼굴이 주요한 단서가 되었을 것이다. 요즘에 자주 쓰이는 '면접 프리패스 상' 같은 관용구도 그러한 역사가 있었음을 말해준다.

즉, 성형으로 외모를 바꾸면 개체를 식별하는 데 쓰이는 단서가 달라지므로 신뢰를 잃을 위험이 있다.

이러한 위험성 때문에 성형에 대한 전통적인 반감이 생긴 것이다. 바꾸어 말하면, '서로를 식별하는 데 중요한 단서인 겉모습에 손을 대는 사람은 신뢰할 수 없다'는 생각이 자동적으로 드는 것이다.

그런데 겉모습에는 상대방을 알아보는 단서라는 것 말고도 또 다른 가치가 있다. 예를 들면, 아름다움이다. 고른 치열, 깨

끗한 피부, 좌우대칭을 이루는 얼굴, 황금비율에 가까운 신체 등이 아름다움의 조건*으로 알려져 있다. 이러한 특징은 일반적으로 건강 상태를 판단하는 근거로 쓰인다.

동물은 물론이거니와 우리들 인간도 건강한 사람과 짝을 이루는 것이 유리하다. 그래서 더욱 건강한 사람을 좋아하도록 되어 있다. 그리고 건강한 사람을 구별해내는 주요한 단서가 되는 것이 얼굴을 중심으로 한 겉모습의 아름다움이다.

하지만 외모와 건강 상태가 반드시 일치하는 것은 아니다. 예를 들어, 치열이 고르지 않아도 건강한 사람은 많다. 그럼에도 불구하고 겉모습만 보고 단칼에 상대방의 가치를 평가하는 태도는 납득이 되지 않는다. 그런 마음으로 치아 교정을 하는 것은 외모 평가에 대한 최소한의 저항이라고 생각하면 충분히 이해되는 행동이다.

---

* 문화에 따라 다소 차이는 있지만, 아름다움에 대한 인류 공통의 요건이 있다. 따라서 생득적인 판단 기준이 진화적으로 몸에 갖추어져 있는 것이다.

게다가 인구가 늘어서 많은 사람들과 연결되는 현대사회에서는, 어쩔 수 없이 겉모습만 보고 자신에게 필요한 사람인지 아닌지를 몇 초 만에 판단해야 한다. 외모의 실질적인 가치가 상승하고 있는 것이다.

요즘에는 미용 성형 기술이 더욱 발전했고 가격도 저렴하므로 비용 대비 효과를 생각하면 성형수술로 얻을 수 있는 이득은 절대적이다. 게다가 다른 사람에게 사랑받을수록 기분도 좋아진다. 그러니 성형하고 싶은 마음이 드는 것이 당연한 시대다.

무죄

포기하자. 겉모습만 보고 판단하는 사람이 많고, 성형했을 때 얻을 수 있는 효과도 크니까.

생물학적으로 어쩔 수 없는 게 아니다!

마음에도 안경을 씌울 수 있기를 기대하자

인간의 마음의 구조는 길었던 수렵 채집 시대의 협력 생활에서 유래했다.* 말하자면 **우리의 마음은 '수렵 채집 시대에 맞게 조정된 것'**이다.

그런데 문명이 들어서면서 사회는 크게 변했다. 인구가 늘어서 낯선 사람들과도 협력하게 되었다. 많은 사람들의 얼굴을 하나하나 식별할 수 없으므로 사람을 믿기보다 돈을 믿는 편

---

* 계층적인 상하 관계처럼 수렵 채집 시대 이전의 생활에서 유래된 것도 있다.

이 빠르고 쉬운 길이 되었다. 그러자 한편으로는 '무엇이든 돈으로 해결하는 것은 비인간적'이라는 생각도 들기 시작했다.

우리는 가까운 사이에서는 깊고 친밀한 관계를 원하고 감정적인 만족감을 얻지만, 비즈니스에서는 계약을 바탕으로 한 얕고 넓은 인간관계에 능숙하게 대처하고자 한다. 얕고 넓은 인간관계는 수렵 채집 시대에는 없었으므로 그런 관계에 도움이 되는 능력이 진화하지 않았다. 마음은 수렵 채집 시대의 문화를 바탕으로 만들어져 있는데 현대 사회의 문화는 과거와 다른 형태다.*

그렇기 때문에 현대 문화에 적응하기 위해 필요한 지식과 능력을 교육을 통해 익히지 않으면 안 된다. 읽고 쓰기, 계산, 논

---

* 이것은 생물학적인 문화 차이인데, 나는 '생물학적 문화의 불협화음(Biological Culture Discord, BCD)'이라고 부른다.

리적 사고, 법률, 경제 구조 등 배우지 않으면 안 되는 것들이 다방면에 존재한다.

사회는 복잡해지고 과학이 발전함에 따라 갖추어야 하는 지식과 능력도 더욱 많아지고 있다. 초·중·고등학교, 대학교에서 배운다고 한들 모든 것을 갖추기란 불가능하다.

특히 SNS 같은 미디어가 초래한 사회 변화는 놀라울 정도다. 하지만 그러한 변화를 쫓아가지 못하는 사람들이 있다는 것이 문제다.

'지식과 능력이 있는 사람만 사회에 적응하면 된다. 개인의 책임이니까 적응하지 못한 사람은 알아서 지식과 능력을 쌓아야 한다'는 풍조가 만연하다. 과연 그러한 생각은 올바른 것일까?

나는 '마음의 안경'이라는 개념을 알리려고 노력하고 있다. 시력이 나빠도 안경을 쓰면 잘 볼 수 있듯이, '마음에도 안경을 쓰자'는 운동이다.

눈과 안경의 관계를 생각해보자. 인간의 눈은 매우 정교하게 기능하지만, 그만큼 고장도 잘 난다. 눈은 원래 멀리 있는 사냥감이나 나무 열매를 보기 위한 기관이었다. 문명이 들어서고 읽기와 쓰기를 시작하면서 가까운 곳을 보는 일이 많아졌고 근시인 사람이 늘어났다. 그리고 바깥에서 자외선을 오래 쐬면 안구의 수정체가 탁해져서 백내장이 생길 위험이 있다. 수명이 짧았던 과거에는 그러한 사실이 크게 문제되지 않았지만, 수명이 늘어나면서 백내장을 안고 살아가야 하게 되었다.

하지만 안경이 등장하면서 그러한 상황은 극적으로 개선되었다. 근시인 사람은 렌즈를 사용해 또렷하게 볼 수 있게 되었고, 외출할 때에는 자외선을 차단하는 안경을 써서 백내장이 생길 위험을 대폭 줄일 수 있었다. 요즘에 나오는 안경은 옷처럼 자신에게 어울리는 패션 아이템으로 사용되기도 한다. 즉, 안경처럼 인공적인 기술이 우리의 선천적인 신체적 한계를 크게 보완해주고 있는 것이다.

마치 안경을 쓰듯이, 우리의 지식과 능력의 부족을 첨단 기술로 보완할 수 있지 않을까? 첨단 기술은 주로 사회의 효율을 높이는 데 쓰이므로 사용자인 우리를 소외시키는 경향이 있지만, 안경처럼 사용자를 돕는 쪽으로 쓰인다면 우리는 더욱 행복해질 수 있을 것이다.

'인공 지능이 우리의 일자리를 빼앗는다'는 우려의 목소리도 있지만, 안경처럼 우리의 지식과 능력에서 부족한 부분을 채워줄 수 있다. 지금 사용되고 있는 음성 인식이나 자동 번역 기술이 그러한 가능성을 보여주고 있다.

우리의 생물학적 한계를 첨단 기술로 극복하는 시대가 오기를 기대해본다.

제4장

욕망이 끓어오르는 건
어쩔 수 없다!

24

바람피우고 싶을 정도로
섹스를 좋아하는 건
어쩔 수 없다!

인간과 다른 동물들이 섹스를 좋아하는 것은 당연한 일이다. 섹스를 좋아하지 않으면 자손을 남기기 어렵기 때문에 유전 정보가 다음 세대로 계승되지 못한다. 즉, 섹스를 싫어하는 유전 정보가 생겼다 하더라도 없어지게 되는 것이다.

그 결과 살아남은 동물들은 모두 생식 행위와 생식으로 이어지기 쉬운 행위를 좋아하게 되었다.

이것이 생물 진화의 원리로, 이 책을 여기까지 읽은 독자라면 충분히 이해하고 있을 것이다.

그렇다면 왜 외도라는 '부도덕한 일'을 하면서까지 섹스를 하고 싶어 하는 것일까? 여기에도 생물학적인 이유가 있다. 바로 인간의 고환*의 크기다.

고환은 정자를 만드는 기관으로, 각 동물들의 생식 행동의 형태에 따라서 적절한 크기로 진화했다. 예를 들어, 영장류들의 고환의 크기를 비교해보면, 고릴라가 가장 작고 침팬지는 가장 크며 인간은 그 중간에 해당한다.

고릴라의 고환이 작은 이유는 정자가 많이 필요하지 않기 때문이다. 수컷 고릴라는 암컷을 여러 마리 거느리면서 다른 수컷들이 접근하지 못하게 하므로 정자는 암컷 고릴라의 수만큼만 있으면 된다.

그러한 관점에서 침팬지는 고릴라와 다르다. 침팬지는 무리 안에서 여러 침팬지들과 짝짓기를 하므로 정자가 많이 필요

---

* 수컷의 하복부에 위치한 음낭 안에 있는 정소의 다른 이름.

하다.* 때로는 여러 수컷과 짝짓기를 한 암컷의 질 내에서 정자끼리 경쟁한 끝에 수정이 되는 사태도 발생한다. 그렇기 때문에 한 번의 짝짓기로 다량의 정자를 방출할 수 있는 개체의 유전자가 선택적으로 살아남은 것이다.

인간의 경우에는 수렵 채집 시대의 환경에 영향을 받는다. 초원은 협력 집단을 제대로 형성하지 않으면 살아갈 수 없는 곳이었으므로 숲에 사는 침팬지 같은 방식은 도움이 되지 않았다. 침팬지는 수컷들이 발정기인 암컷을 두고 싸우는데, 그러니 무리 안에서 다툼이 끊이지 않는다.**

따라서 인간은 '일부일처제'를 도입했다. 처음부터 집단의 규칙에 따라 생식 상대가 고정되어 있다면 집안싸움을 줄일 수 있다. 이 체제를 유지하기 위해 암컷의 발정기도 없어졌다. 암컷은 언제

---

* 생식 상대를 정하지 않고 여러 대상과 짝짓기를 하는 '난혼'인데, 서열이 낮은 개체의 생식은 제한되는 경향이 있다.

** 서열이 높은 수컷이 암컷을 차지하는 경향이 있는데, 그 서열을 결정하기 위한 싸움도 많이 일어난다.

나 발정할 수 있게 되었으므로 생식 상대인 수컷을 제지할 수 있게 되었다.

인간은 일부일처제이므로 일부다처제인 고릴라보다 필요한 정자량이 적다. 그러니 인간의 고환은 고릴라보다 작게 진화했어야 한다.

하지만 인간의 고환은 고릴라보다 크다. 이 사실은 **일부일처제의 그늘에 '난혼(亂婚)'이 숨어 있다는 실태**를 보여준다.

즉, '일부일처제+약간의 난혼'에 어울리는 크기의 고환으로 진화한 것이다.

일부일처제의 주요 목적은 집안싸움을 줄이는 것이다. 다르게 표현하면, 집안싸움이 일어나지 않을 범위에서라면 약간의 난혼은 괜찮다는 말이다. 게다가 난혼에는 장점도 있다. 집단 안에 임신할 수 없는 암컷이나 임신시킬 수 없는 수컷이 있어도, 집단 안에서 다른 생식 자원을 충분히 활용할 수 있다. 그리고 수컷은 자신의 생식 상대가 아닌 다른 암컷이 낳은 새끼가 자신의 자녀일지도 모른다고 생각하면, 그 아이를 양육할 마음이 생기기 쉽다.*

수렵 채집 시대에는 아이들을 집단에서 공동으로 키웠기 때문에, '누구의 아이인지 모르니까 우리 모두의 아이라고 생각하면 된다'는 마음을 가지는 것이 중요했다. 그러고 보면 약간의 난혼에서 박애 정신이 시작된 것인지도 모른다.

한편 '가능한 한 나의 자손을 남기고 싶다'는 심리 역시 유지되고 있다. 남성은 자신의 생식 상대가 다른 남성과 섹스하는 것을 싫어한다. 다른 남성의 아이를 자신의 아이로 착각해 키울까 봐 두렵기 때문이다.

한편 여성은 자신의 생식 상대가 육체적으로 바람을 피우는 것보다 다른 여성에게 반하는 것을 더 싫어한다. 남성의 자원

---

* 수컷 사자가 암컷이 키우고 있던 새끼를 죽이고 자신의 새끼를 낳게 만드는 것과 같은 비열한 행동이 진화하는 것을 막았다고 볼 수 있다.

을 다른 여성에게 빼앗길까 봐 걱정되기 때문이다.*

인간의 바람기는 일부일처제라는 원칙과 약간의 난혼이라는 실태 사이에서 동요하는 심리를 보여준다. 생물학적으로는 어쩔 수 없는 일이지만 그렇다고 마음껏 해도 된다는 뜻은 아니다.

포기하자. 인간은 약간의 난혼이 어울리는 존재이니까.

* 싫어하는 외도의 형태에서 보이는 남녀 차이는 세계 각지의 조사 결과에서 비슷하게 나타나므로, 문화로 생긴 차이가 아니라 생득적인 생물학적 원인에 따른 것으로 보인다.

Buss, D. M., Shackelford, T. K., Kirkpatrick, L. A., Choe, J. C., Lim, H. K., Hasegawa, M., Hasegawa, T., & Bennett, K. (1999). Jealousy and the nature of beliefs about infidelity: Tests of competing hypotheses about sex differences in the United States, Korea, and Japan. Personal Relationships, 6(1), 125-150. https://doi.org/10.1111/j.1475-6811.1999.tb00215.x

25

여성의 가슴이나
엉덩이를 좋아하는 건
어쩔 수 없다!

남성은 임신을 하는 데 유리한 여성과 생식 행동을 하는 것이 자손을 남기는 데 도움이 되므로 가슴이나 엉덩이를 기준으로 생식 상대를 선택하도록 진화했다. 가슴이 크면 자녀에게 영양분을 충분히 공급할 수 있고, 엉덩이가 크면 태아를 오랫동안 체내에서 키울 수 있다.

남성은 날씬한 여성을 좋아한다는 고정관념이 있는데, 생물학적으로 설명하자면 허리가 잘록한 것이 임신하지 않은 상태를 나타내기 때문이다. 즉, 가슴-허리-엉덩이의 비율은 생식 상대를 선택하는 데 있어서 중요하다.* 그러니 전체적으로 너무 마른 여성은 실제로 인기가 없는 편이다.

이러한 사실들 때문에 여성은 신체의 라인을 강조했을 때 더욱 매력적으로 보인다. 하지만 매력을 과도하게 발산하는 것도 문제가 된다. 포유류의 경우에 수컷은 정자를 여기저기에 뿌리는 것이 생식 전략이고, 암컷은 한정된 수의 난자를 성숙할 때까지 키우는 것이 생식 전략이다. 이러한 차이 때문에 여성은 상대방을 신중하게 선택해 매력을 발산하는 것이 좋다.

사회적으로 남성의 바람기가 과도하게 발현되는 것은 다툼을 늘리는 일이므로 좋지 않다. 여성이 TPO에 맞는 옷차림을 하려고 신경 쓰는 것도 이러한 관점에서 설명할 수 있다.

남성의 관점에서 보면 여성의 가슴이나 엉덩이에 대한 선호는

---

* 남성이 선호하는 여성의 체형에 대한 세계 각지의 조사 결과를 보면 문화 차이는 적은 것으로 나타난다.
Singh, D. (1993). Adaptive Significance of Female Physical Attractiveness: Role of Waist-to-Hip Ratio. Journal of Personality and Social Psychology, 65, 293-307.
http://dx.doi.org/10.1037/0022-3514.65.2.293

당사자의 생식 능력에 따라서 결정된다. 만약 노화 등의 이유로 생식 능력이 떨어지면 취향은 더욱 다양해진다. '스타킹을 좋아한다'는 식의 생식 자체와 관련이 적은 페티시즘은 그러한 과정을 통해 생긴다고 볼 수 있다.

지금까지 '남성이 좋아하는 여성의 외모'에 대해 이야기했는데, 물론 '여성이 좋아하는 남성의 외모'도 있다. 여성은 큰 키나 근육질 몸매처럼 '힘의 상징'을 좋아한다. 고릴라도 이와 취향이 비슷하다.

정자를 여기저기 뿌리는 생식 전략을 가진 수컷은 몇 마리쯤 죽어도 다음 세대가 이어지는 데 영향을 미치지 않으므로, 수컷끼리 싸워서 강한 자만이 살아남는 방식이 여러 포유류에게 널리 퍼져 있다. 인간도 남성이 사냥 같은 위험한 일을 담당하므로 살아남은 남성이 여러 여성을 거느리는 경우가 있었던 것으로 보인다. 여성보다 남성의 체격이 크다는 인간의 특징은 고릴라에게서도 발견된다.

한편 다른 영장류들과는 다르게 인간만이 가지는 특징이 있다. 바로 **남성의 성기가 체격에 비해서 크다**는 것이다.

아무래도 암컷이 크게 발기된 성기를 선택적으로 선호하기 때문에 성기가 크게 진화한 것으로 보인다. 문명사회에서는 옷을 입어야 하므로 성기를 과시하고 경쟁하는 일은 일상에서 볼 수 없게 되었지만, 생물학적으로는 준비가 되어 있으므로 언제 다시 그런 경쟁이 일어날지 모른다.

무죄

포기하자. 생식과 관련된 자연스러운 반응이니까.

나쁜 남자에게 끌리는 건
어쩔 수 없다!

앞에서 이야기했듯이 여성이 전통적으로 남성에게 원했던 것은 '강함'이었다. 그런데 **문명사회가 시작되면서 체력적인 강함 대신 '다정함'이 더욱 중요해졌다.** 문명사회에서는 수렵 채집 시대와 달리 튼튼한 남성이 음식을 구해오는 것이 아니었다.

그에 비해 다정한 남성은 아이를 키우겠다는 마음도 강하고 바람을 피울 걱정도 없다. 현대에는 여성들이 전통적인 '남자다움'을 우선시하지 않는 경향이 있다.

소위 '나쁜 남자'라고 불리는 사람들 중 대부분이 '다정함'을 내세워 여성들에게 인기를 얻는 것이라고 여겨진다.

게다가 여성의 사회 진출이 늘어나면서 전통적인 성 역할 구분이 없어지거나 뒤바뀌기도 한다. 여성이 밖에 나가서 가정을 유지하는 데 필요한 자원을 벌어오고 남성은 전업주부가 되는 경우도 있는데, 요즘은 그런 가정이 점점 늘고 있다. **여성이 나쁜 남자를 먹여 살리는 시대가 도래**한 것이다.

언젠가 일처다부제가 일반적인 것이 되는 날이 올지도 모른다.

단, 나쁜 남자 때문에 괴로워하고 있다면 심각한 문제다. 그런 상태를 '공동 의존(co-dependency)'이라고 하는데, '알코올 의존증인 남편을 도와주는 아내'가 보이는 인간관계의 구도를 가리키는 표현이다

현대사회에는 알코올 의존증 환자를 치료하는 프로그램이 잘 마련되어 있다. 만약 남편이 알코올 의존증으로 생활에 어려움을 겪고 있다면, 남편을 치료 프로그램에 보내는 것이 좋다.

그런데 프로그램에 참가하기 시작한 남편이 점점 치료 효과

를 보이면서 사회 복귀가 가능해지면 아내가 치료를 방해하는 경우가 있다. 이런저런 이유를 대며 프로그램에 출석하지 못하게 하거나 술을 마시게 해서 의존증이 재발하게 만드는 사례가 발견되는 것이다.

아마도 아내는 '자신에게 의지해오는 정신적으로 병약한 남편'을 자식처럼 여기면서 '남편을 도와주는 자신'의 모습에서 의미를 찾는 듯하다. 그러니 남편이 자립하면 자신의 의미는 사라지므로 그것을 막으려고 하는 것이다.

이렇게 상호 의존하는 상태를 공동 의존이라고 하는데, 그러한 상태에 빠질 위험이 있다면 아내도 치료 프로그램에 함께 참가할 필요가 있다.

다정한 사람이라는 이유로 나쁜 남자에게 끌리는 것은 괜찮지만, 생활력이 없는 나쁜 남자를 어쩔 수 없이 계속 도와주는 것은 서로에게 해가 되는 공동 의존 상태다. 그런 경우에는 조금 냉정한 마음으로 멀리서 지켜봐주는 것이 진짜 사랑이다.

무죄

포기하자. 세상이 바뀌면서 사랑받는
남성의 조건도 달라졌으니까.

과잉보호하게 되는 건
어쩔 수 없다!

어미 사자는 자신의 아들이 다 컸다고 생각되면 무리에서 쫓아낸다는 것을 알고 있는가?

사자는 모계 가족으로 무리를 이룬다. 무리 중에서 어른은 모두 암컷으로, 서로 자매이거나 이모와 조카 사이다. 암컷들은 새끼를 낳고 키우며, 사냥도 기본적으로 암컷의 몫이다.

새끼들의 아버지는 그 지역을 세력권으로 하는 수컷으로 평소에는 무리를 벗어나 있다. 그러다 이따금 여러 모계 가족이 살고 있는 자신의 세력권을 순회한다. 세력권은 큰 편이라 관리하기 어려운데다가 때때로 세력권을 빼앗으러 온 수컷의 공격을 받기 때문에, 수컷 사자는 형제들끼리 연대해 여러 마리가 세력권을 지배하기도 한다.

무리의 새끼 수컷이 성장하면 위험한 상황이 발생한다. 세력권을 지배하고 있는 수컷에게 발견되어 적으로 간주되면, 자신의 새끼일지라도 공격하기 때문이다. 따라서 어미 사자는 새끼가 어느 정도 크면 자신의 무리에서 쫓아낸다. 쫓겨난 새끼 사자는 이리저리 떠돌아다니며 힘을 키우고 자신의 세력권이 생길 때까지 혼자서 고군분투해야 한다.

자신의 새끼를 쫓아낸 어미 사자가 돌변하는 모습은 놀라울 정도다. 어제까지만 해도 귀여워하던 새끼를 갑자기 공격하며 다른 사자들에게 무리가 위험에 빠졌음을 알린다. 쫓겨난 새끼 사자는 영문도 모른 채 미련을 가득 안고 힘없이 사라져간다. 누구도 자신을 지켜주지 않는 가혹한 삶이 기다리고 있기 때문이다.

어미 사자는 성장한 수컷에게서 나는 냄새에 반응해 새끼에 대한 태도를 바꾼 것으로 유추할 수 있는데, 과거를 돌아보지 않는 동물이기에 가지는 특성이다.

하지만 인간은 그렇지 않다. 수렵 채집 시대의 협력 집단에서는 남녀의 분업은 있었지만 상하관계는 없었고, 우두머리 자리를 둘러싸고 수컷들끼리 싸움을 벌이는 일도 드물었다. 그러니까 집단 안에서 평생 살 수 있었다. 사자에 비하면 행복한 삶이다.

협력 집단의 아이들은 나이가 차면 일단 어른 대접을 받기는 하지만, 나이 많은 어른들에게 계속해서 수렵이나 채집의 노하우를 배워야 했을 것이다.* 그러므로 인류는 기술과 지식을 집단에서 전승해나가는 문화를 만들고 우애를 키운 것이다.

---

* 인간이 생식 연령을 넘어서까지 오래 살 수 있게 된 것은, 수렵 채집 시대에 고령자가 다음 세대를 보호하고 학습시키는 역할을 하게 되면서, 장수 유전자가 있는 집단이 선택적으로 살아남았기 때문이다. 특히 장수 유전자가 어머니에게 있는 집단이 생존에 유리했으므로 현대에는 여성이 더 오래 사는 경향이 있다.(제6장 참고)

오늘날 문명사회는 과거에 비해 매우 복잡해졌다. 배워야 하는 기술과 지식이 방대하다. 그러니 **자녀를 일찍 독립시키기보다, 부모의 보호를 받으며 힘을 키우게 하는 편이 사회에 적응하는 데 도움이 된다고 생각하는 것은 당연하다.**

자녀의 독립도 중요하지만, 부모에게 힘이 있는 한 계속 자녀를 보호하고 싶은 것이다.

무죄
포기하자. 과잉보호가 문명사회에 적합하니까.

웃는 얼굴에 이끌려 물건을 사는 건 어쩔 수 없다!

구경만 하려고 들어간 매장에서 점원이 웃는 얼굴로 "고객님에게 딱 어울리는 구두를 찾았어요", "역시 잘 어울리시네요" 같은 말을 해서 자기도 모르게 그 물건을 사고 말았던 경험이 있는가?

이러한 충동구매는 점원을 협력 집단의 동료라고 착각하기 때문에 일어난다.

점원이 웃어 보이면 따라서 웃게 되고 기분도 좋아진다. 이렇게 긍정적인 감정을 공유하면 동료 의식이 싹튼다.

게다가 '나에게 어울리는 상품을 찾으려고 애썼다'는 생각이 들면, 그 은혜에 보답해야 한다는 마음이 생긴다. 도덕적인 사람일수록 동료를 위하는 마음으로 점원의 추천 상품을 사는 것이다.

이렇게 웃는 얼굴에는 기분을 좋게 해주거나 동료 의식을 키워주는 등 강력한 효과가 있다. 수렵 채집 시대의 집단 안에서 말다툼이 일어났을 때에도 그것을 해결하는 데 큰 역할을 했을 것이다.*

웃는 얼굴에는 매우 강력한 힘이 있으므로 널리 이용되고 있다. TV 광고에서 연예인이 웃으면서 상품을 추천하면 자연스럽게 구매하게 된다. 상품의 성능이나 기능이 아닌 이미지에 끌려서 소비를 하는 것이다.

최근의 건강식품 광고에서는 오랫동안 해당 상품을 이용한

---

* 다른 영장류에게도 다툼을 진정시키는 저마다의 행동이 있다. 침팬지는 털 고르기를 하고, 보노보는 성적인 유혹 행동을 한다.

일반 소비자가 "정말 좋아요"라며 웃는 얼굴로 말하고 있다. 광고의 한쪽 구석에는 '개인적인 의견입니다'라는 문구가 들어가 있지만 광고를 보는 사람들은 그다지 신경 쓰지 않는다.

그런 문구는 예외 조항이라고 하는데, 상품에 대한 설명을 과장하지 않고 정확하게 해주는 역할을 한다. 하지만 광고주는 광고 전체의 이미지를 유지하기 위해 가능한 한 작은 글씨로 넣어서 눈에 띄지 않도록 한다. 일본 소비자청의 조사에 따르면 소비자가 예외 조항을 제대로 이해하지 못하고 있는 것이 분명하므로 문제시되고 있다.

과거에는 더욱 악질적인 사례도 있었다. 농산물 포장지에 농민이 웃고 있는 사진을 붙이고 "제가 키웠습니다!"라는 문구를 넣으면 매출이 늘어난다는 사실이 밝혀지자 그런 형태로 포장한 농산물이 급증했는데, 일부 유통업자가 직원들의 웃는 얼굴을 찍어서 농산물에 붙인 것이었다. 생산자라고 광고했지만 실제 생산자의 사진이 아니었으므로 당연히 부당 표시로 적발되었다.

선거 포스터의 경우에도 정책을 기입하기보다 일류 사진작가가 찍은 후보자의 사진을 싣는 것이 표를 얻는 데 도움이 된다고 한다. 투표하기 전에 누구를 뽑을지 고민하며 선거 포스터를 훑어봤을 때 다정하게 웃고 있는 후보자에게 표를 주게 되는 것은 인간의 본성이 발현된 것이니까 어쩔 수 없다.

 포기하자. 웃는 얼굴의 매력을 이겨낼 수 없으니까.

29

점쟁이에게 의지하게 되는 건
어쩔 수 없다!

'이 사람과 결혼해도 괜찮을까?', '어느 회사에 취직하는 게 좋을까?', '이 물건을 지금 사도 될까?' 이처럼 인생에는 다양한 기로에 서는 순간이 있다.

이런 문제를 두고 스스로 판단을 내리기 어려워지면 점쟁이에게 의지하게 된다. 용한 점쟁이라면 자신을 찾아온 사람의 가슴속 응어리를 풀어주고, 마음속 깊은 곳에 숨겨놓은 정답을 알아차려서 실제로 행동할 수 있도록 등을 떠밀어준다. 타로 카드도, 수정 구슬 점도, 운세 뽑기도, 모두 점쟁이의 역할을 그럴듯하게 연출하는 도구에 불과하다.

점쟁이에게 의지하는 경향은 여성에게서 압도적으로 많이 보이는데, 이 역시 생물학적인 이유가 있다.

앞서 말했듯이, 남성은 정자를 여기저기에 뿌리는 것이 생식 전략이므로 '저 여자와 섹스할 수 있다면 죽어도 좋다'는 식의 농담을 하기도 한다. 여성이 자녀 양육을 전담하는 것으로 자신의 자손을 남기는 방식이 확립되어 있다면, 남성은 자신의 역할은 정자를 뿌리는 것까지라고 느끼는 것이다.* 참으로 제멋대로인 생각이다.

무모한 경향도 남성에게서 많이 보인다. 모험을 하다가 몇 명쯤 죽더라도 정자 수는 충분히 많기 때문에 성공률이 낮은 일에도 되든 안 되든 도전하도록 진화한 것이다.

한편 여성은 자신이 직접 아이를 낳고 키우지 않으면 자손을 남길 수 없다. **미래를 생각하다 보니 자연스럽게 행동이 신중해지**

---

* 이러한 경향을 보여주는 전형적인 예로서 짝짓기 후에 암컷에게 잡아먹히는 수컷 사마귀를 들 수 있다. 암컷이 수컷을 잡아먹어서 얻은 영양분이 자손에게 전달되므로, 유전 정보 전달의 효율을 높이기 위해 그렇게 진화했다. 어쨌든 그만큼 자애 넘치는 행동이 생겨난 것은 놀랄 만한 일이다.

는 것이다.

신중하다는 것은 좋은 일이다. 요즘 주식회사에서는 임원 회의에 참여하는 여성의 비율을 늘리려고 노력한다. 과거의 남성 위주 회의에서는 권위자의 말 한 마디에 따라서 자세한 검토 없이 일을 결정하는 경향이 있었다. 성공률이 낮고 도전적인 의사결정이 일어나기 쉬웠다.

회의에 참여하는 여성이 많아지면서 여러 가능성을 신중하게 검토하는 경향이 나타나기 시작했다. 그만큼 회의 시간이 길어진다는 단점도 있지만, 사업 전체의 성공률이 높아지는 효과를 기대할 수 있다.

결정을 내리지 못하는 것을 우유부단하고 결단력이 부족해서라고 비판하는 경향이 있는데, 실패만 초래하는 결정이라면 차라리 하지 않는 편이 낫다. '점 같은 걸 믿다니'라며 무시하는 사람도 가끔은 점쟁이에게 상담을 하듯이 신중하게 생각하는 것이 좋다.

미국의 역대 대통령 중 몇몇은 전속 점쟁이가 있었던 것으로 전해지는데, 그러고 보면 점쟁이도 무시할 수 없는 엄연한 직업이다.

 포기하자. 깊이 생각하지 않으면 행동으로 옮기지 못하는 신중한 사람이니까.

술을 너무 많이 마시거나
아예 마시지 못하는 건 둘 다
어쩔 수 없다!

술을 즐기는 것은 좋은 일이다. 술을 마시면 기분이 좋아지고 스트레스도 해소된다. 다른 사람과 함께 술을 마시면 동료 의식도 깊어진다. 함께 웃으며 즐거운 시간을 보낸다는 것만으로도 일체감이 생긴다.

게다가 평소에는 이야기하지 못했던 조금은 무례한 진심을 말할 수도 있다. 나중에 "그때는 너무 취했었거든"이라며 넘어가도 되기 때문이다.

하지만 과음은 금물이다. 술은 담배와 마찬가지로 암 발병 요인으로 꼽힌다. 체질과 마시는 방식에 따라 차이는 있지만, 사람에 따라서는 암 발병 위험이 50%나 증가하기도 한다. 이제부터 술이 왜 문제를 일으키는지 알아보자.

술에 들어 있는 성분 중 에틸알코올이 우리를 취하게 만드는데, 몸속에서 다음과 같은 분해 과정을 거친다.

에틸알코올→(효소 A)→아세트알데히드→(효소 B)→아세트산

효소*란 분해를 돕는 물질이다. 인간은 유전 정보에 각 효소의 생산량이 정해져 있고, 이에 따라 술이 받는 체질인지 아닌지가 결정된다. 알코올 분해에는 두 가지 효소가 영향을 미치므로 그 과정을 이해하는 데 약간의 노력이 필요하다.

과음해 만취해 있을 때에는 에틸알코올이 뇌에 작용해 마약을 복용했을 때와 같이 몹시 취한 상태를 만든다. 그것이 기

---

* 효소의 종류는 몇 만 가지나 되며 우리의 몸속과 자연계에 존재하고 있다. 건강식품 중에는 효소가 함유되었다고 홍보하는 제품이 있는데, 효소의 종류와 그 효소가 무엇이 만들어내는지가 중요하므로 효소가 들어 있다는 것만으로는 좋지도 나쁘지도 않다.

분 좋은 상태로 이어진다. 폭음한 다음 날 숙취 때문에 기분이 나빠지는 것은 효소 A가 에틸알코올을 분해해 생성된 아세트알데히드가 작용한 결과다. 아세트알데히드는 인체에 유해하고 암 발병률을 높인다. 숙취가 해소되는 것은 효소 B가 아세트알데히드를 분해해 우리 몸에 무해한 아세트산(식초의 주성분)으로 전환시키기 때문이다.

술에 취하는 것을 좋아하는 이유는 효소 A의 활성도가 낮기 때문이다. 에틸알코올로 머무는 시간이 길기 때문에 취해서 기분 좋은 상태가 계속된다. 그러니 중독되기도 쉬워진다. 반대로 효소 A의 활성도가 높으면 에틸알코올로 머무는 시간이 짧아서 취하지 못하게 된다.

한편 효소 B의 활성도가 낮으면 술이 약해진다. 독과 같은 아세트알데히드가 몸속에 머무는 시간이 길어져서 몸에 해롭다. 식도암의 주요 원인으로 알려져 있는데, 아세트알데히드가 식도의 세포를 파괴해 생기는 병이 식도암이라고 한다.

효소 A의 활성도가 높고, 효소 B의 활성도가 낮으면 술을 싫어하게 된다. 술에 취해서 기분 좋은 시간은 아주 짧고, 금방 머리가 아파오거나 속이 울렁거리는데 그 상태가 오래 지속되기 때문이다. 두 효소의 활성도가 모두 높은 사람은 밑 빠진 독에 물을 붓는 것처럼 술을 아무리 마셔도 멀쩡하다.

나는 효소 A의 활성도가 높고 효소 B의 활성도는 낮아서 술이 안 받는다. 이러한 특징을 아들이 물려받았다. 한편 딸은 효소 A와 B의 활성도가 높아서 술을 굉장히 잘 마신다. 아마도 효소 B의 활성도가 높은 것은 내 아내에게서 물려받은 모양이다.

이렇듯 술을 너무 많이 마시는 것도, 아예 마시지 못하는 것도, 모두 유전자의 명령에 따른 결과다.

포기하자. 알코올 분해 효소에 대한 유전 정보가 체질을 결정하니까.

31

기간 한정 상품을 너무 좋아하는 건 어쩔 수 없다!

여름 한정 맥주, 겨울 한정 초콜릿을 사는 것은 '인간의 천성'이다. **동물과 마찬가지로 '현재를 즐기는 것을 중요시하는 태도의 표현이다.** 게다가 기간 한정이라는 말을 들으면 '지금 안 먹으면 두 번 다시 맛볼 수 없다'는 절박한 마음이 생기고 욕망이 환기되어서 쉽게 구매로 이어진다.

다음 두 가지 경우를 생각해보자.

⑴ 오늘 10만 원을 받는다

⑵ 내일 11만 원을 받는다

둘 중 어느 쪽을 택하겠는가? 대부분의 사람들이 ⑴을 선택할 것이다.

그렇다면 다음의 경우를 생각해보자.

⑶ 1년 후에 10만 원을 받는다

⑷ 1년 1일 후에 11만 원을 받는다

이번에는 어느 쪽을 택하겠는가? 아마도 ⑷를 선택하는 사람이 많을 것이다.

두 문제 모두 하루 차이로 만 원이 늘어나므로 11만 원을 택할 것 같지만, ⑴의 '오늘'에는 특히나 큰 가치가 있다.

가혹한 자연 환경에서 살았던 시대에는 미래란 불확실한 것이었다. 언제 죽어서 잃어버릴지 모르는 미래를 위해 노력하기보다, 현재를 중요시하는 것은 당연한 일이었다. 그러니까 인간도 다른 동물들처럼 현재를 최우선으로 했다.

하지만 문명 시대에 들어서고 생활이 안전하게 유지되면서 미래를 예측할 수 있게 되었다. 경제도 안정된 상태라면 기간 한정 제품을 사지 않고 돈을 모아두었다가 1년 후에 더욱 좋은 상품을 사는 것이 나을지도 모른다.

인간은 다른 동물들과는 달리 미래를 생각할 수 있게 되었지만, 미래를 현재와 비교하는 것은 잘하지 못한다. 고등학생들도 동아리 활동에 집중해 학교생활을 즐길 것인지 학업에 집중해 미래를 위한 지식이나 기술을 익힐 것인지를 두고 고민한다.

기간 한정 상품을 살 것인지 말 것인지 결정하는 것 역시 미래와 현재를 비교하는 문제다. 이런 문제에 획일적인 해결법은 없다. 적당히 현재를 즐기면서 적당히 미래를 준비하는 균형이 중요하다.

  그래서 현재를 즐기기 위해 기간 한정 상품을 사기도 하는 것이다.

무죄

포기하자. 미래보다 현재의 즐거움이 중요하니까.

보상을 얻고 싶어 하는 건
어쩔 수 없다!

말은 눈앞에 당근을 매달아놓으면 그것만 보고 앞을 향해 달린다고 한다. 말보다 똑똑한 우리들도 보상을 얻기 위해 다른 사람이 시키는 대로 행동할 때가 있다.

보상의 역할을 보여주는 예로 아동을 대상으로 한 '마시멜로 실험'을 들 수 있다. 실험자는 마시멜로처럼 아이가 좋아하는 간식 하나를 접시에 둔 후에 먹지 말고 기다리라고 한다. "15분 있다가 돌아올 거니까 그때까지 먹지 않고 있으면 하나 더 줄게"라고 말한 뒤에 밖으로 나간다. 이런 상황에서 아이가 15분 동안 참을 수 있는지를 알아보는 실험이다.

5세 미만 아동들은 대부분 유혹에 넘어가서 마시멜로를 먹지만, 연령이 높아지면 참을 수 있는 아이들이 늘어난다. 마시멜로 두 개의 가치를 예상하며 당장 먹고 싶은 욕망이 저절로 지나가도록 내버려둘 수 있는 것이다.

아주 어릴 때부터 욕망을 흘려보낼 수 있게 된 아이는 인간관계를 잘 맺고 학업 성적도 우수하다고 한다. 다만 '보상을 얻기 위해서 행동한다'는 태도는 문제가 있으므로 주의할 필요가 있다.

예를 들어, "시험에서 100점을 받으면 장난감을 사줄게"라고 약속하면, 아이는 물론 열심히 공부할 것이다. 하지만 이 방법은 다음과 같은 이유로 오랫동안 효과를 보기는 어렵다.

[100점을 받을 경우] 아이는 장난감을 받아서 기뻐하겠지만, "다음번에는 뭐 사줄 거예요?"라며 요구하는 것이 점점 커진다. 몇 번 정도는 요구를 들어줄 수 있겠지만, 원하는 보상을 계속 해줄 수는 없다.

[100점을 받지 못할 경우] 아이는 열심히 공부했지만 장난감을 받지 못했으므로 속상해한다. 그럴수록 더욱 노력해 다음 시험에서는 만점을 받을 거라고 예상하겠지만, 그런 아이들은 아주 소수에 불과하다. 대부분의 아이들은 '처음부터 장난감은 받을 수 없는 거였어'라고 생각한다. 그리고 '장난감 같은 건 갖고 싶지 않아'라고 포기한다.

어느 쪽이든 보상을 목표로 공부를 계속 시키는 것은 어려운 일이다. 보상이 약간은 효과가 있는 것처럼 보일 수 있으나, 공부가 보상을 얻기 위한 수단으로 전락해 보상이 없으면 공부를 하지 않는 태도가 생길 수 있다. 공부는 스스로 하고 싶은 마음이 들었을 때 즐기면서 하는 것이 가장 바람직하다.

보상은 다른 사람에게 받는 것이 아니라 자신이 달성할 목표로 설정하는 것이 좋다. 그렇게 하면 의욕이 샘솟고 오래 유지될 수 있다.

인간은 다른 동물들처럼 보상을 목표로 하지만, 인간만이

'자신만을 위한 보상'을 줄 수 있고 자기 스스로를 북돋울 수 있다.

 포기하자. 주체적으로 보상을 활용할 방법을 고민하는 편이 나으니까.

생물학적으로 어쩔 수 없는 게 아니다!

'따뜻한 심장'을 훈련하자

우리의 감정, 욕구, 무의식 사고, 반사적 행동의 대부분은 유전자의 명령에 따라 작동한다. 이러한 수많은 기능의 집합인 마음을 나는 '따뜻한 심장'이라고 부른다.

따뜻한 심장의 기능들은 필요하기 때문에 선천적으로 가지게 된 것으로, 좋든 나쁘든 '생물학적으로 어쩔 수 없는 것'이라고 할 수 있다.

하지만 그 기능 중에는 서로 모순된 것이 있다. 예를 들면, 바람기와 정조 관념이다. 전자는 숲에서 생활하던 난혼 시기에 진화했고, 후자는 초원에서 협력 집단을 형성했던 시기에 진화했다.

우리는 그러한 상반된 기능을 따뜻한 심장에 지니고 있다. **모순된 기능들은 환경에서 어떤 자극을 받느냐에 따라 어느 한쪽이 작동하도록 되어 있다.** 예를 들어, 주변에 유혹이 많으면 바람기가 발동하고 그렇지 않으면 정조를 지키는 식이다. 상황에 맞게 곧바로 동작을 바꾸는 것을 보면 우리의 마음(심장)은 변덕스럽고 뜨겁다.

변덕스럽다는 것은 훈련이 가능하다는 점을 시사한다. 예를 들어, 바람을 계속 피우면 바람기가 발동되기 쉬워진다. 한편 바람기가 지나가도록 내버려둔다면 정조를 지킬 수 있다. 즉, 어떻게 행동할지는 습관으로 만들 수 있는 것이다.

우리는 타고난 균형 감각을 바탕으로 연습을 통해 자전거 타는 법을 배운다. 넘어질 것 같을 때에는 그쪽 방향으로 핸들을 돌리면 복원력이 작동해 자세를 유지할 수 있다는 것이 자전거 운전의 원리다. 하지만 원리를 몰라도 핸들 조작을 훈련할 수 있고 누구나 자전거를 탈 수 있다. 참으로 멋진 일이 아닐 수 없다.

생물학적으로 갖추어져 있는 생득적인 기능은 많다. 즐거움, 웃음, 행복감 등 있어서 좋은 기능이 있는 한편, 공포, 분노, 시기, 앙심 등 없는 편이 나은 기능도 있다.

그런데 **훈련을 하거나 습관을 들임으로써, 불필요한 기능을 발동하기 어렵게 만들거나 필요한 기능을 더욱 자주 발동하게 만들 수도 있다.** 쉬운 일은 아니지만, 자신의 따뜻한 심장이 지금 어떻게 작동하고 있는지, 주로 어떤 식으로 작동하는 경우가 많은지 알아보자. 자신을 아는 것에서부터 어떻게 훈련하고 습관으로 들일 것인지에 대한 단서를 얻을 수 있다.

제 5 장

남에게
잘 보이고 싶은 건
어쩔 수 없다!

33

명품을 좋아하는 건
어쩔 수 없다!

유행하는 옷, 가방, 신발, 손목시계 등 명품 브랜드의 제품은
인기가 있다. 하나쯤 몸에 걸치고 있으면 스스로가 그럴듯하
게 느껴지고 마음이 들뜬다. 그러니까 아무리 비싸도 사게 된
다. 비쌀수록 잘 팔리는 경향까지 있다.

이러한 행동의 근원을 찾으려면 매우 오래전으로 거슬러 올
라가야 한다.

 사슴의 뿔을 떠올려보자. 여러 갈래로 뻗어나간 모양이 아
주 멋스럽다. 하지만 무게가 꽤 나가기 때문에 사슴 목에 가해
지는 부담이 만만치 않다.

그렇다면 왜 사슴은 그런 고통을 감수하면서까지 뿔을 진화시키고 있는 것일까?

바로 뿔이 생식하는 데 도움이 되기 때문이다.

사슴 중에서 뿔이 멋진 쪽은 수컷이다.

앞서 말했듯이 수컷은 정자를 여기저기 뿌리는 것이 생식 전략이므로 암컷을 둘러싸고 다른 수컷들과 싸운다. 가끔은 뿔을 맞대며 힘을 겨룰 때도 있지만 진짜로 싸우면 둘 다 심한 타격을 입는다. **따라서 뿔의 아름다움을 서로에게 뽐내어서 승패를 결정하는 방식으로 진화했다.** 이러한 행동을 생물학에서는 과시(보여주기)라고 한다.

암컷 사슴의 입장에서도 수컷의 과시 행동은 큰 장점이 있다. 무겁고 큰 뿔을 유지하는 일은 쉽지 않으므로 그것을 해내고 있는 수컷은 강인하고 건강하다는 사실을 보여준다.* 결과적

---

* 생존에 직접적으로 도움을 주는 것이 아닌, 장식이 진화하는 원리를 '핸디캡 이론'이라고 한다.

으로 멋진 뿔을 만드는 유전자가 살아남는 것이다.*

비슷한 예는 조류에서도 찾을 수 있다. 극락조 같은 새들은 깃털이 화려하다. 주로 수컷들의 깃털이 화려한데 그들의 행동을 관찰해보면 수컷들끼리 서로 자랑하는 데 쓰기보다 암컷에게 매력을 발산하는 데 사용한다는 것을 알 수 있다.**

제비나 참새처럼 암수가 함께 새끼를 키우는 종은 수컷과 암컷의 겉모습에 차이가 거의 없다.

　즉, 암컷이 혼자서 육아를 담당하는 종은 수컷이 덩치가 크거나 깃털이 화려한 경향이 있다. 한가한 수컷이 외모를 꾸미는 데 정성을 쏟는 것이다.

이제 사람의 생태에 대해 이야기해보자.

---

* 어떤 형질이 세대를 거듭하면서 점점 과도하게 진화한다는 사실이 밝혀졌는데, 이를 '피셔의 폭주 이론'이라고 한다.
** 실제로 꽁지를 자르거나 다른 새의 화려한 깃털을 자신의 몸에 붙였을 때 생식 상대의 수가 늘어난다는 사실이 실험과 관찰을 통해 알려졌다.

대부분의 동물들과 같이, 인간의 조상들도 남성이 과시 행동을 하고 남성들끼리 경쟁했을 것이라고 본다. 고릴라와 마찬가지로 인간의 경우에도 평균적으로 남성의 체격이 여성보다 큰 것은 그 때문이다. 한편 수렵 채집 시대에 일부일처제가 도입되면서 매력적인 남성을 둘러싸고 여성들이 경쟁하게 되자 여성의 과시 행동도 강하게 나타나기 시작했다.

조상에게 물려받은 과시 행동의 유전자는 애초부터 남녀 모두 가지고 있었다. 예전에는 성 호르몬 때문에 남성에게서 두드러지게 드러났던 것이, 남녀 모두에게서 드러나는 쪽으로 진화한 것이다.

하지만 무엇을 과시하는지에 대해서는 성차가 존재한다. 남성은 '강함'을, 여성은 '아름다움'을 과시한다. 이러한 차이는 생식과 관련되어서 나타나는 것임을 앞서 말한 바 있다.

문명사회에서는 '재산'이라는 항목이 추가되었다.

남성은 '고급 외제차'를 운전하며 강함을 드러내고 경쟁자를 앞지를 수 있게 되었다. 여성은 온몸을 명품으로 휘감아 아름다움을 연출할 수 있게 되었다. 강함과 아름다움은 그것만으로도 동물적인 우월감을 느끼게 해주는데, 문명사회에서는 재산을 보여줄 수 있으므로 더욱 더 우월감을 느낄 수 있는 것이다.

명품은 좋은 품질을 원하는 소비자들의 욕구에서 탄생했다. 오랜 시간 직접 사용해보지 않으면 내구성 같은 성능을 알기 어려운 상품이 있는데, 브랜드가 그런 제품의 성능을 보장함으로써 비싸도 팔리는 시장이 형성된 것이다. '이 브랜드의 제품이라면 믿고 살 수 있어'라는 소비자의 의식은 좋은 제품을 제공하고 싶은 생산자의 입장에서도 가치가 있다.

그런데 명품이 재산을 과시하는 데 사용되면 비싸면 비쌀수록 과시효과가 커지므로, 원래 성능에 알맞은 가격을 넘어 천정부지로 치솟는다.

요즘에는 서민의 경제 상황과 동떨어진 가격으로 '비싸기만 한 그림의 떡'이라며 누구에게도 관심을 받지 못하는 명품도 늘고 있다. 명품은 생물학적인 근원과 사회적인 상황을 동시에 보여주는 것이다.

포기하자. 우리는 재산을 과시하는 동물이니까.

남보다 우위에 서려고 하는 건
어쩔 수 없다!

우리는 다른 사람보다 자신의 성적 매력이 우월함을 확인하려고 한다.

A는 머리가 좋아 ⇒ 운동 신경은 내가 더 좋지
C는 미인이야 ⇒ 근데 성격이 나쁘다는 소문이 있어

이런 식이다.

업무를 할 때에도 그런 생각을 자주 한다.
  프로젝트가 성공하면 '내가 우수 고객을 데리고 왔으니까',

'내가 한 디자인이 좋았으니까', '내가 휴일도 반납하고 일했으니까'처럼 각자 자신이 기여한 바를 은근히 주장한다. 우리는 '잘되면 내 덕, 안 되면 네 탓'이라며 언제나 다른 사람보다 자신이 뛰어나다고 믿고 싶어 한다.

우월함을 확인하려는 마음의 근원은 침팬지들이 이루는 계층 사회에서 찾을 수 있다. 무리 안에서는 순위에 따라서 하위 개체가 상위 개체를 따른다.

그리고 청년층이 성장하고 중년층이 나이가 들면 권력 관계가 달라지므로 순위를 바꾸기 위한 다툼은 끊이지 않는다.

'나는 남들 위에 서고 싶지 않아'라며 그런 다툼에서 한 발짝 물러날 수도 없다. 그러다가는 따돌림을 당해 최하위권으로 밀려나고 만다. 식량이 부족해지면 최하위 개체의 몫은 남지 않으므로 무리 안에서 최초로 굶어죽게 될 것이다. 남들 위에 서려고 하지 않아도 살아남기 위한 투쟁은 발생한다. 그러니 자신보다 순위가 낮은 존재가 있다면 일단 안심할 수 있다.

인간은 수렵 채집 시대의 협력 집단에서는 투쟁이 거의 일어나지 않는 평등 사회를 구축했다. 하지만 그것보다 이전 시대에는 꽤 오랫동안 계층 사회를 이루었다고 한다.

그 결과 우리의 마음속에는 '남보다 우위에 서고 싶다'는 심리가 숨겨져 있다.

기업에서는 계층을 적절하게 도입해 그러한 심리를 자극하고 있다. 승진을 빌미로 야근을 강요하거나 상사의 명령에 따라 효율적으로 일하도록 만든다. 우리들도 수렵 채집 시대 이전에는 그러한 위계에 익숙했으므로 계층이 있다는 것을 당연하게 여긴다.

그렇게 남보다 우위에 서기 위한 전투에 자연스럽게 끌려들어 가는 것이다.

우월함을 드러내는 행동을 하는 이유는 기업과 같은 계층적인 환경에서 경쟁이 장려되고 있기 때문이다. 우리가 뜨거운 심장(182쪽 참조)에 지니고 있는 위계 의식이 자연스럽게 발동되는 것이다. 순위가 높은 쪽이 먹을 것을 먼저 얻을 수 있고, 생식 상대를 구하는 데도 유리하다. 순위가 낮으면 주변 환경이 나빠졌을 때 가장 먼저 위험에 처하므로 어쩔 수 없다.

현실이 그렇다고는 해도 친밀한 동료들과 사이좋게 일하고 싶다는 바람이 없는 것은 아니다. 그러한 마음도 뜨거운 심장에 숨겨져 있다. 그러한 분위기가 허용되는 직장이라면 우월함을 드러내려는 행동도 줄어들 수 있을 것이다.

 포기하자. 동물적인 계층 집단에서 보이는 자연스러운 반응이니까.

35

주변에서 비위를 맞추어주면 기분이 좋아지는 건 어쩔 수 없다!

자신의 비위를 맞추어주는 것을 싫어하는 사람은 없을 것이다. 이는 수렵 채집 시대의 협력 집단을 유지하기 위해 진화한 특별한 심리 작용이다.

앞서 이야기했듯이, 수렵 채집 시대는 평등한 사회이기는 했지만 개인마다 능력의 차이는 있었다. 달리기를 잘하는 사람, 먼 곳까지 볼 수 있는 사람, 나무 열매를 잘 찾는 사람, 창던지기를 잘하는 사람 등 다양한 능력이 있었을 것이다.

각자의 능력을 충분히 발휘하도록 만드는 데는 칭찬이 도움이 되었다. 달리기를 잘하는 사람은 동료들이 자신을 치켜세워주면 힘을 얻었고, 달리기가 필요한 일이 생기면 기꺼이 앞장섰다. 그것이 칭찬의 효과다. 칭찬은 감사와 존경을 표현하는 바람직한 방식 중 하나다.

어떤 집단에서는 부상을 입어서 일을 할 수 없는 사람이 동료들을 칭찬하는 역할을 맡으면 그것만으로도 집단의 생산성을 높일 수 있었다고 한다. 현대사회에 비유하자면 직장의 회식 담당자 정도가 될 것이다.

나아가 비위를 맞추어주는 것은 상하 관계에서 발생할 수 있는 문제를 완화하는 효과도 있다.

주변에서 치켜세워주어서 기분이 좋아진 상사는 부하 직원에게 권위적으로 명령을 내리기가 어려워진다. 아무래도 부탁조로 말하게 된다는 것이다.

이런 관계를 알고 있는 직원은 상사를 조종하는 능력이 탁월하다.

유능한 상사가 오면 감사와 존경을 표현함으로써 상사가 더욱 기분 좋게 일할 수 있도록 만든다. 그러면 자신은 유능한 상사의 지도를 받으며 기술을 익힐 수 있다.

유능하지 않은 상사가 오면 바로 치켜세워줌으로써 기분을 좋게 만들어준다. 유능하지 못한 상사는 자신의 무능함을 숨기기 위해 권위를 과시하고 부하 직원에게 명령하는 경향이 있으므로, 우선은 '그럴 필요가 없다'고 생각하도록 만드는 것이 적절한 조종 방식이다. 더불어 무리한 요구를 줄이는 효과도 얻을 수 있다.

다만, 상사를 조종하기 위해 비위를 맞추어주면, 주변에서는 상사에게 잘 보이기 위해 아첨한다고 생각하기 때문에 결국 상사를 치켜세우는 것을 삼가게 된다. 그런 경우에는 '상사를 조종하기 위한 행동'이라고 사전에 암묵적으로 동의를 얻어둘 필요가 있다.

어쨌든 비위를 맞춘다는 것에는 부정적인 이미지가 따르기 마련이지만, 직장에서의 공헌도의 차이나 상하 관계에서의 지배와 복종으로 인한 문제를 완화하는 효과가 있다.

만약 다른 사람들이 당신을 치켜세워주고 있다면 당신에게 능력이 있거나 지위가 있거나 혹은 둘 다 있기 때문이다. 그러니 주변에서 비위를 맞추어주어 기분이 좋다면 당신의 직장은 평화로울 것이다.

무죄 **포기하자. 일을 잘하게 만드는 것이 목적이니까.**

형제들과 싸움이 끊이지 않는 건 어쩔 수 없다!

동물계에서는 많은 집단이 혈연관계를 중심으로 이루어진다. 혈연관계가 서로 도움을 주고받기 쉬운 이유는 유전자로 설명할 수 있다.

동물은 일반적으로 자신이 살아남는 데 도움이 되는 행동을 한다. 왜냐하면 '자신의 생존에 도움이 되는 행동'을 명령하는 유전자가 살아남고, '자신의 생존에 방해가 되는 행동'을 명령하는 유전자는 살아남지 못한다는 단순한 원리 때문이다.

그렇다면 위험에 처한 혈육을 구해주는 행동은 어떨까? 그 행동을 명령하는 유전자도 살아남기 쉽다. **왜냐하면 자신이 '혈육을 돕는 행동을 명령하는 유전자'를 갖고 있다면 자신의 혈육도 같은 유전자를 갖고 있을 가능성이 높기 때문이다.** 그렇기 때문에 자신의 도움을 받은 혈육을 통해 '혈육을 돕는 행동을 명령하는 유전자'가 자손에게 전해지기 쉬운 것이다.

생식 상대는 혈연관계가 아닌 경우가 많다. 그런데도 혈연관계만큼이나 서로를 도우려고 한다. 서로 돕는 행동이 일어나는 것은 공동 육아의 영향이다. '생식 상대와 좋은 관계를 구축하는 행동을 명령하는 유전자'가 있으면 그 유전자를 가진 사람의 자손을 통해서 그 유전자가 계속 존재할 수 있기 때문이다. 자식이 부부 사이를 이어주는 연결고리 역할을 하는 셈이다.

그렇다면 '나와 형제 중 누구를 구할 것인가'를 선택해야 한다면 어떨까? 그야 당연히 자기 자신을 구한다. '자신을 구하는 유전자'는 자신이 살아남으면 반드시 존속하지만, '형제를 구하는 유전자'는 자신의 도움으로 살아남은 형제가 가지고 있지 않을 확률이 50%이기 때문이다.

부모 사이에 유사성이 전혀 없는 경우에 형제의 유전자 유사성은 50%다. 그렇기 때문에 자신이 아니라 형제를 구하는 것은 자신이 입을 손해에 비해 형제가 얻는 이득이 2배를 넘을 때뿐이다.*
이때 '형제를 구하는 유전자'의 존속 확률은 '자신을 구하는 유전자'의 존속 확률을 웃돈다.

즉, 형제는 기본적으로는 서로 돕는 관계이지만, 우리는 자신이 받아야 할 이익이 형제에게 돌아가면 '이익이 절반으로 줄었다'고 느끼도록 생물학적으로 진화했다. 그러니 유산 상속을 둘러싸고 골육상쟁을 벌이는 것이다.

일반적으로 협력 집단의 공유 재산을 구성원들끼리 나누는 경우에도 비슷한 문제가 발생한다. 수렵 채집 시대의 협력 집단은 공유 재산이 없었으므로 문제도 없었지만, 문명 시대에

---

* '해밀턴 법칙'으로 생물 진화 이론과 동물 행동 관찰을 통해 증명되었다.

재산을 보유하는 것이 가능해지고 나서는 문제가 심각해졌다. 기업에서도 내부 유보가 클 때에는 새로운 비즈니스로 돈을 벌기보다 그 자금을 두고 쟁탈전을 벌이기 쉽다. 그러한 싸움을 피하기 위해서 가능한 한 빨리, 그리고 자주 공유 재산을 나누어야 한다.

무죄

포기하자. 서로 돕는 유전자가 존재할 확률은 절반밖에 되지 않으니까.

카리스마 있는 사람에게 빠져드는 건 어쩔 수 없다!

현대사회에는 '카리스마'라는 특징을 가진 사람들이 있다. 예를 들면, 카리스마 넘치는 정치인, 카리스마를 풍기는 경영자, 카리스마 있는 영업 사원 등을 떠올릴 수 있을 것이다. 그런 사람들의 이야기에 귀를 기울이다 보면 점점 빠져들게 된다. 그리고 자신도 모르는 사이에 정치인을 지지하는 활동을 하거나 영업 사원의 상품을 구입한다.

카리스마의 유래는 침팬지 같은 계층 사회의 지도자에게서 찾을 수 있다. 힘과 권위로 집단을 이끄는 지도자는 오늘날의 카리스마와 같은 특징이 있다. 한편 계층 사회의 경우에 하위 개체는 지도자의 지배와 명령에 복종하므로 그 점에서는 오늘날의 카리스마와 다른 모습을 보인다.

우리는 카리스마에 지배당하는 것이 아니라, 자발적으로 카리스마 있는 사람을 따르는 것이다.

그러한 태도는 수렵 채집 시대의 협력 집단이라는 환경에서 진화했다. 협력 집단에도 지도자를 대신할 존재가 필요했다.
왜냐하면 더 이상 주변에서 사냥감을 찾을 수 없어서 다 함께 북쪽으로 이동하려고 할 때, '남쪽으로 가야 해', '동쪽이 맞아' 하며 다른 의견이 나온다면 협력 집단은 무너지기 때문이다. 반대로 지도자의 결단에 따르는 충성심이 있다면 집단의 구성원들이 하나로 뭉쳐서 집단의 힘을 발휘할 수 있다.

결론적으로, 살아남은 우리의 조상 집단은 충성심으로 가득 찬 사람들의 집합이었다. 그러니 오늘날 우리가 카리스마 있는 사람을 따르는 것은 당연한 일이다.

그런데 한 가지 큰 문제가 있다. 유능하고 선견지명이 있으며 냉정하고 침착하게 판단을 내리는 지도자를 따르는 것은 도움이 되지만, 말만 그럴듯한 지도자를 따르는 것은 집단 전체의 불이익으로 이어지는 것이다.

우리는 곤경에 처했을 때 희망의 메시지를 찾는다. 그리고 희망을 단언해주는 카리스마에 깊은 고민 없이 매료되고 만다.

카리스마가 있는 사람들은 종종 공포를 느끼지 못한다.* '내가 말한 대로 안 되면 어떡하지' 하는 불안이 없는 것이다. 그렇기 때문에 진심으로 희망을 단언할 수 있고 자신의 이야기를 듣는 사람들에게서 신뢰를 얻을 수 있다.

또한 카리스마가 있는 사람은 자신의 일도 잘한다. 특히 그들의 좋은 목소리**는 사람을 끌어당기는 데 한몫한다. 따라서

---

* 공포를 느끼지 못하는 것은 사이코패스의 특징이다. 공포를 느끼지 못하면 생활에 지장이 있으므로, 일반적으로 그런 특징은 진화하지 않는다. 하지만 카리스마를 만드는 데 도움이 된다는 장점도 있어서 오늘날까지 그런 특징이 있는 개체의 수가 일정 수준 유지되고 있는 것으로 보인다.

카리스마에 과도하게 매료되는 것을 막으려면 그들이 하는 이야기를 직접 듣지 않는 것이 좋다. 상대방이 말하는 내용을 글로 옮긴 후에 그것을 읽고 판단을 내리는 것이 선동적인 카리스마에 넘어가지 않는 한 가지 방법이다.

 포기하자. 카리스마 있는 존재를 원하는 법이니까.

** 좋은 목소리의 특징 중 하나는 '저음'이다. 주로 남성에게서 카리스마적인 면모를 볼 수 있는 것은 그 때문일지도 모른다. 원래 저음은 어둠 속에서 소리를 지를 때에 자신을 커 보이게 하는 효과가 있기 때문에, 위험한 일을 담당했던 남성에게서 특히 진화했다.

윗사람을 알아서 모시게 되는 건
어쩔 수 없다!

앞서 이야기했듯이, 우리들에게는 집단을 형성하는 데 꼭 필요한 충성심이 있다. 그렇기 때문에 **기업처럼 상하 관계가 있는 직장에서 윗사람의 마음을 헤아리며 눈치껏 모시게 되는 것은 당연한 일이다.**

우리는 상사가 지시하기 전에 알아서 일을 해둔다면, 상사가 자신을 마음에 들어할 것이고 연봉 인상이나 승진에 도움이 될 것이라고 믿기 때문에 윗사람을 눈치껏 모신다.

한편 상사가 난처한 상황에 처하지 않도록, 또는 그런 상황 때문에 전체 집단이 불이익을 당하지 않도록 윗사람을 배려

할 때도 있다. 그러한 행동은 두터운 충성심의 표현으로 보이는 동시에, 불상사를 감추는 원흉이 되기도 한다.

그렇다 보니 윗사람을 알아서 모시는 행동은 하지 않는 편이 낫겠다는 생각도 든다. 하지만 현실은 그렇게 단순하지 않다.

당신은 자신이 속한 집단이 성과를 내지 못했을 때 '내 책임이 아니야'라고 생각하면서도 사과한 적이 있는가?* 인간은 '내가 사과해야 이 상황에서 벗어날 수 있어', '내가 사과하면 다들 편해질 거야' 같은 믿음만 있다면, 자신이 잘못하지 않았더라도 용서를 구하는 존재다. 그러한 사과 역시 눈치껏 알아서 행동하는 것으로, 인간관계를 원활하게 만드는 방법으로서 널리 퍼져 있다.**

최근에 일본에서는 공무원들 사이에서 일어난 '윗분 모시기'

---

* 카신 교수의 연구팀이 실시한 누명 실험에서는, 일정 시간이 경과하면 고장 나는 컴퓨터를 두고 "Alt 키를 누르면 고장 나니까 절대로 누르지 마세요"라고 경고한 후에 피험자가 컴퓨터를 조작하도록 했다. 일정 시간이 흐른 뒤 피험자에게 "당신이 Alt 키를 눌러서 컴퓨터가 고장 났다"고 비난하자, 피험자의 40%가 '나는 Alt 키를 안 눌렀어' 하고 생각하면서도 자신의 잘못이라며 사과했다.

** 반대로 솔직하게 사과하지 못해서 걱정인 사람도 있다. 주로 상하 관계를 강하게 의식하는 사람으로, 사과를 하면 자신의 서열이 낮아질까 봐 두려워하기 때문이다.

가 주목받는 일이 많아졌다. 하지만 잘 생각해보면 직장에서는 '시키는 일만 해서는 안 된다', '자발적으로 일을 찾아서 하는 똑똑한 인재를 원한다'는 이야기가 오간다. '눈치껏 알아서 행동하라'고 말하는 것이나 다름없다.

즉, 공무원들이 윗사람을 배려하는 것 자체가 문제라기보다, 윗사람을 위해 과거의 의사록을 바꾸어 쓰는 등 비윤리적인 행동을 하는 것이 문제. 애초에 민주주의의 근간을 이루는 자료인 의사록이 수정할 수 있게 되어 있다는 시스템상의 결함이 문제라고도 볼 수 있다.

윗사람의 마음을 헤아려 눈치껏 행동하는 것은 나쁜 일처럼 여겨지기 쉽지만, 그런 행동이 장려되고 있는 것도 분명한 사실이다. 타인의 마음을 짐작해 배려할 줄 아는 사람은 고도의 의사소통 능력을 갖춘 뛰어난 인물이다. 그러니 눈치껏 알아서 행동하되, 나쁜 일에는 손을 대지 않도록 주의하면 된다.

무죄

포기하자. 인간적인 의사소통의
수단이기도 하니까.

힘들어도 다른 사람에게
의지하지 못하는 건
어쩔 수 없다!

남에게 기대지 못하는 사람은 사실 마음씨가 착한 것이다. 다른 사람에게 의지했을 때의 부채감을 과도하게 예측하는 사람이다.

이러한 부채감은 수렵 채집 시대의 '무임승차를 방지하는 구조'에서 만들어진 것이다. 수렵 채집 시대의 협력 집단에서는 구성원들이 자신의 능력에 따라 분업을 하는 평등 사회였다. 누군가가 사냥감을 잡아서 집단에 공헌하면, '다음엔 내가 잡아와야지' 하는 마음으로 분발했을 것이다. 그러한 행동의 바탕에 깔려 있는 것이 부채감이다.

하지만 능력에는 개인차가 있다. 게다가 부상이나 질병으로 일하지 못하는 경우도 생긴다. 결과적으로 일부 사람들이 집단의 도움을 받기만 하는 상황도 분명히 있었을 것이다. 수렵채집 시대에는 그런 사정을 기꺼이 받아들이는 사이좋은 협력 집단이 구축되어 있었다.

그렇다고 문제가 없는 것은 아니었다. 일방적으로 도움을 받기만 하는 사람들이 늘어나면 협력 집단이 성립되지 않는다. 그래서 일을 할 수 있으면서 하지 않는 무임승차를 방지해야 했다.

무임승차를 방지하는 방법 중 하나는 위협이다. "일을 할 수 있으면서 안 하는 것이 아닌가?" 하고 집단의 연장자가 혼을 내서 당사자가 반성하고 일을 하도록 촉구하는 것이다. 다만 이 방법은 당사자가 반성하지 않으면 집단에서 쫓겨나야 했으므로 꽤 폭력적이었다. 침팬지의 계층 사회로 거슬러 올라간 방법으로, 수렵 채집 시대의 평화적인 협력 집단에는 어울리지 않았다.

그래서 진화한 것이 부채감이다. 다른 사람에게 의지했을 때 '빚을 졌다'고 느끼고 어떻게든 갚아야 한다고 생각하게 된 것이다. 부채감을 느끼는 사람들이 모이면 각자의 능력에 따라서 적극적으로 일하는 협력 집단이 빠르게 만들어질 수 있다.

이와 같은 과정을 거쳤기 때문에 남에게 기대지 못하는 사람은 '의지한 후에 일어날 일'을 걱정한다. '나는 무엇을 해줄 수 있을까?', '은혜를 갚지 못하면 무임승차한 꼴이 될 텐데', '무임승차 같은 나쁜 짓을 할 수는 없어' 등 자신을 탓하게 될 것이라고 예측한다. 그래서 남에게 기대지 않는 편이 낫다고 생각하는 것이다.

나아가 그런 부채감을 이용하는 사람까지 있다. 자신에게 의지해오는 사람에게 생색을 내며 나중에 무리한 부탁을 하는 것이다. '의지한 후에 일어날 일'을 생각하다 보면 그러한 지배 관계도 걱정이 된다.

이렇듯 다른 사람에게 의지하는 데는 여러 가지 어려운 심리적 걸림돌이 있다. 그러니 남에게 기대지 못하는 것은 어쩔 수 없는 일이다.

무죄

포기하자. 부채감이 걸림돌로 작용하니까.

SM 플레이를 좋아하는 건
어쩔 수 없다!

알다시피, SM이란 사디즘과 마조히즘을 의미한다. 사디즘은 성적 대상에게 고통을 줌으로써 만족을 얻는 것이고, 마조히즘은 자신이 고통을 받음으로써 만족을 얻는 것이다. 전통적으로는 둘 다 이상 성욕으로 여겨졌는데, 이러한 만족 경향은 성적 욕구 외에서도 존재한다.

SM 만족 경향의 근원은 침팬지와 같은 계층 사회에서 찾을 수 있다. 다른 사람을 지배할 때 행복해지고, 누군가에게 종속될 때 안심하게 되는 마음의 작용이다. 후자의 경우는 잘 이해되지 않는데, '이것저것 생각할 것 없이 따르기만 하면 된다'는 태도를 말하며 종교적 귀의와도 통하는 면이 있다.

사디즘과 마조히즘은 정반대 역할을 하므로 사디스트와 마조히스트가 짝을 이루면 서로 만족할 수 있다. 일상생활에서 남을 따르기만 하는 사람은 사디스트가 되고, 반대로 남들 위에 서서 판단하는 역할을 하는 사람은 마조히스트가 되는 경향이 있다고 한다.

인간의 마음에는 사디즘과 마조히즘의 양면이 존재해서, 둘 다 적절하게 발휘해 충동을 발산할 필요가 있는 것인지도 모르겠다.

SM 플레이에서는 사디스트가 채찍으로 마조히스트를 때려서 서로 만족을 얻는다. 소리에 비해서 아프지는 않다고 하는데, 그렇다고 해도 아픈 게 좋다는 마조히스트의 고백은 이해하기 어렵다.

사실 불필요한 통증을 계속 가하면 뇌에서는 그것을 견디기 위해 마취 물질을 분비한다. 게다가 통증을 견뎌내면 고통을 통제했다는 성취감을 느끼고 설레기 시작한다.* 게다가 성적 흥분까지 더해지면 상승효과가 일어난다.

뇌과학의 관점에서는 SM 플레이도 합리적인 것이다.

침팬지 사회에 존재하던 계층은 오늘날의 기업 조직에도 활용되고 있는데 이제는 벗어날 때가 되었다. 지배 복종 관계에서 탈피해 상호 이해를 바탕으로 하는 계약 관계에서 일하는 것이 이상적이다. 우리가 사디즘이나 마조히즘의 충동을 안고 있다면, 직장에서 자신도 모르게 지배 복종 관계를 맺기 쉽다. 그러니 SM 플레이로 그런 충동을 승화시키고 싶은 것이다.

최근에는 SM 플레이와 비슷한 효과가 있는 것으로 보이는 스마트폰 게임이 등장했다. 충동이 고개를 쳐든다면 SM 플레이 대신 그런 게임을 해보자.

---

* 통증을 마비시키는 것은 엔돌핀, 설렘을 일으키는 것은 도파민이다. 둘 다 뇌 내의 마약이라고 불리는 신경 전달 물질이다.

무죄

포기하자. 사디즘과 마조히즘은 계층 사회가 남긴 흔적이니까.

자아상이 흔들리는 건
어쩔 수 없다!

학교에 있을 때 자신의 모습과 집에 있을 때 자신의 모습이 달라서 고민하는 아이들이 적지 않다. 그런 아이들은 보호자가 학교에 오는 수업 참관일을 가장 싫어한다. 평소에 학교에서 하듯이 행동해야 좋을지, 집에 있을 때처럼 행동해야 좋을지 혼란스럽기 때문이다.* 당연히 평소처럼 행동하면 된다. 보호자도 집에 있을 때와는 다른 모습을 보려고 학교에 가는 것이기 때문이다.

---

* 사회심리학에서는 '다중 관객 효과'라고 한다.

아이들뿐만 아니라, 어른이 된 우리들도 '일관성 있게 행동해야 한다'고 생각하는 경향이 있다. 그렇기 때문에 종종 '자아상의 변화'가 불안하게 느껴진다. 그러한 감정 역시 수렵 채집 시대의 협력 집단에서 유래했다. **협력 집단에서는 분업이 이루어지므로, 할당된 업무에 대해 책임감 있게 일관된 태도를 유지하는 것이 중요했기 때문이다.**

예를 들어, 수풀 속에 조용히 숨어 있는 것을 잘하는 사람은 사냥을 할 때에 매복하는 역할을 맡았을 것이다. 동료들이 사냥감을 수풀로 몰아넣으면 숨통을 확실하게 끊는 일을 해야 한다. 하지만 매복하는 역할이 사냥 도중에 갑자기 움직이면 어떻게 될까? 사냥을 할 때에 움직이는 것은 사냥감을 쫓는 역할이 해야 하는 일이다.

즉, 분업을 이루어내려면 특정 행동이 일관되게 행해져야 한다. 반대로 말해, 어떤 행동을 일관되게 했을 때 그에 어울리는 역할이 할당된다. 특히 아직 언어가 충분히 발달하지 않았던 시대의 협력 활동에서는 '역할에 어울리는 태도 보여주기'

가 중요했을 것이다. 집단에서 역할을 부여받고 훌륭하게 수행해내면 집단에 공헌했다고 평가를 받으므로 개인에게도 기쁜 일이다.

이렇게 협력 집단의 구성원으로서 인정받기 위해서 일관되게 행동할 필요가 있었기 때문에, **우리는 '자아상의 변화'를 불안하게 느끼도록 진화한 것**이다.

수렵 채집 시대에는 한 집단에서만 살았기 때문에 일관성을 확립하는 것이 어렵지 않았다. 게다가 창던지기 역할을 할 사람이 없어지면 누군가가 그 자리를 대신해야 했다. 창던지기에 자신이 없으면서도 집단의 의중을 헤아려서 창던지기를 잘하는 것처럼 꾸밀 때도 있었을 것이다. 수렵 채집 시대의 집단은 그 정도의 심리적 술책도 이용할 줄 아는 친밀한 사람들로 이루어진 유일무이한 협력 집단이었다.

하지만 현대사회에서는 사정이 달라졌다. 집에서 어리광을 부리는 아이들도 학교에 가면 독립적인 개인으로 보여야 한다.

어른이 되면 더하다. 여러 집단에 속하고 다양한 상황에 대응해야 하므로 일관성을 고집할 수 없게 되었다. 그럼에도 불구하고 '일관성이 없으면 안 된다'는 막연한 감정만이 남아 있는 것이다.

물론 약속을 지키는 책임감 있는 태도도 중요하지만, 상황에 따라서 자아상이 바뀌는 것도 괜찮다. 현대사회에서도 그런 변화는 허용되고 있는 것으로 보인다.

 포기하자. 현대는 고정된 행동만 할 수 있는 사회가 아니니까.

아는 척하고 싶은 건
어쩔 수 없다!

우리는 경쟁자에게 지고 싶지 않거나, 상사로서 권위를 지키고 싶거나, 우수한 영업 사원으로 보이고 싶다는 이유로 자기도 모르게 '아는 척'을 하고 만다.

'아는 척'이라는 거짓말을 하는 것은 거짓말의 단점보다 장점이 크기 때문이다. 문명사회에서는 아는 척을 하더라도 금방 들통나지 않는다. '들키면 큰일인데'라는 생각이 들면 실제로 공부해서 지식을 쌓는다. 그럼 더 이상 아는 척이 아니라 진짜 아는 것이 되므로, 거짓말은 공부 의욕을 샘솟게 해주는 역할까지 하는 셈이다.

거짓말의 생물학적인 근원을 찾아보자.

이른바 하등 생물이 하는 거짓말이란 유전 정보의 명령에 따른 '의태'*다. 예를 들어, 난초 사마귀는 꽃과 비슷한 모습으로 위장해 자신에게 다가오는 벌을 사냥한다. 하지만 사마귀는 '난 사실 사마귀지만 꽃으로 위장하고 있지' 하고 생각하는 것은 아니다. 그러니까 우리가 문제 삼을 정도로 '고도의 거짓말'은 아닌 것이다.

만약 과시 효과를 얻기 위해 뿔을 위장하는 사슴이 있다면 그 사슴은 거짓말쟁이라고 할 수 있다. 즉, 멋진 뿔이 바닥에 떨어져 있을 때에,** 그것을 주운 사슴이 자신의 뿔인 것처럼 꾸밀 수 있다면 고도의 거짓말을 하는 사슴이라고 볼 수 있다. 하지만 사슴에게 그런 능력은 없다. 사슴의 몸이 주운 뿔을 자기 것처럼 걸 수 있도록 되어 있지도 않을뿐더러, 사슴은 다른 개체들에게 자신이 어떻게 보이는지 인식하지 못한다.

---

* 동물의 모양이나 색깔이 주변 환경과 비슷해지는 현상. - 옮긴이

** 사슴의 뿔은 때가 되면 몸에서 떨어지고 새로 자라나기 때문에 멋진 뿔들이 바닥에 떨어져 있는 모습을 자주 볼 수 있다.

한편 인간에게는 이런 종류의 위장이 발달해 있다. 동물의 모피나 뿔, 새의 날개를 몸에 걸쳐서 자신의 덩치가 커 보이도록 한다.

하지만 수렵 채집 시대에는 이런 종류의 거짓말이 가지는 장점이 크지 않았다. 위장을 알아차릴 수 있는 사회였다.

예를 들어, "저기서 사냥감을 발견했어"라고 거짓말을 해도, "그럼 꼭 잡아와" 하고 대답하면 그만이었다. 말만 하고 잡아 오지 못해도 '원래 그런 사람'이라고 여겨질 뿐이었다.

그런데 언어가 발달하면서 거짓말을 쉽게 할 수 있게 되었다. 예를 들어, 언어가 없던 때에는 '예전에 맘모스를 잡은 적이 있다'는 것을 몸짓으로 전달하려면 맘모스의 뼈라도 보여주어 야 했다. 하지만 '맘모스'라는 단어로 자신의 뜻을 표현할 수 있게 되면 맘모스 사냥 솜씨를 쉽게 위장할 수 있는 것이다.

문명 시대가 되어 언어가 주요한 의사소통 도구로 쓰이고 모르는 사람들과도 교류하기 시작하면서 거짓말은 본격적으로

횡행하기 시작했다. 언어를 통해 거짓말을 쉽게 할 수 있게 된데다가, 곧바로 들키지도 않게 된 것이다

또한 **우리는 거짓말을 간파하는 능력이 매우 부족하다.*** 인간의 능력의 큰 틀이 확립되었던 수렵 채집 시대에는 거짓말이 그다지 효과가 없었기 때문에 거짓말을 하는 사람이 적었고 그때문에 거짓말을 꿰뚫어 보는 능력도 진화하지 않았다.

정보 미디어가 고도로 발전한 오늘날에는 더욱 손쉽게 거짓말을 할 수 있게 되었다. SNS에서 부담 없이 많은 사람들에게 메시지를 보낼 수 있는 편리한 사회는, 그와 동시에 아는 척이 넘쳐나고 **거짓말이 소용돌이치는 불신 사회이기도 하다.**

더 이상 '아는 척은 거짓말하는 거니까 해서는 안 된다'는 단순한 수준을 넘어섰다. 영업 사원이 업무를 할 때에 하는 작은 거짓말은 고객의 마음을 사로잡는 데 필요하다고 볼 수

---

* 베테랑 형사나 경력이 많은 교사도 용의자나 학생들의 거짓말을 꿰뚫어 보지 못한다는 사실이 조사를 통해 밝혀졌다.

있다. 고객이 구매를 하게끔 하기 위해 반드시 거짓말을 해야 하는 경우까지 있다.

거짓말을 하지 않는 것보다 중요한 것은 진심으로 인간관계를 맺는 것이다. 예를 들어, 일단 아는 척을 했다면 그 후에 실제로 알기 위한 노력을 하고, 어쩔 수 없는 경우에는 솔직하게 "저도 모르게 거짓말을 했습니다"라고 사과해야 한다. 그렇게 함으로써 거짓이 끼어든 인간관계를 회복할 수 있다. 그 정도의 각오는 가지고 아는 척을 하는 것이 바람직하다.

무죄 포기하자. 거짓말이 쓸모 있는 사회가 되었으니까.

차가운 머리를 적절하게 활용하자!

앞 장의 말미에서는 유전자의 명령에 따라 작동하는 기능들의 집합을 '뜨거운 심장'이라고 표현했다. 뜨거운 심장의 각 기능들은 상황에 따라서 무의식적으로 작동해 우리의 행동 방향을 설정해주었다. 뜨거운 심장은 마치 제멋대로 날뛰는 작은 요정들의 집합체와 같다.

반대로, **의식적으로 작동하는 것을 나는 '차가운 머리'라고 부른다.** 차가운 머리는 전전두엽을 중심으로 한 뇌 영역이 담당하는데, 인간의 뇌에서 가장 최근에 진화한 이성적이고 유연한 부분이다. 유연함 덕분에 인간의 생물학적인 제약을 뛰어넘는 데 도움이 될 수도 있다.

예를 들어, 우리는 남들이 보는 자신의 모습을 의식하고, 자신이 일관되게 행동하고 있는지를 판단할 수 있다. **이렇게 '의식적으로 깊이 생각하는 것'이 차가운 머리가 맡은 역할이다.** 사회가 고도화됨에 따라서 차가운 머리가 더욱 많이 일하게 되었다. 사회가 복잡해졌기 때문에 그때까지 정해진 역할만 하던 뜨거운 심장 속 요정들의 힘으로는 감당할 수 없게 되자, 유연하게 심사숙고해 대처할 수 있는 차가운 머리를 활용하게 된 것이다.

차가운 머리는 생물학적으로 어쩔 수 없는 것을 극복하는 방법을 제공해주었다.

예를 들어, 일이 잘 풀리지 않을 때 폭력적으로 대처하는 방식은 뜨거운 심장에 내재된 것으로, 자기도 모르게 폭력성이 발동되는 것은 '생물학적으로 어쩔 수 없는 일'이다. 하지만 문명사회에서는 폭력을 없애기로 합의했기 때문에 폭력을 사용하고 싶은 마음을 능숙하게 억제한다. 이때 작동하는 것이 차가운 머리다.

생각해보면, 학교에서 배우는 거의 모든 과목이 차가운 머리를 훈련하는 것으로 이어진다. 읽기, 쓰기, 수학, 사회, 과학이 모두 그렇다. 그런데 뜨거운 심장과 차가운 머리로 이루어진 마음의 구조나, 수렵 채집 시대와 문명 시대의 생물학적 문화 차이는 학교에서 가르쳐주지 않는다.

그렇기 때문에 이제는 여러 집단에 속해 더 이상 자신의 일관성을 유지할 수 없는 시대임에도 불구하고 뜨거운 심장이 여전히 일관성을 원하는 상태가 방치되고 있다. **차가운 머리가 그런 현실을 알아채고 '지금은 자아상이 달라져도 괜찮다'고 알려주어야 하는데, 그런 인식마저도 널리 퍼져 있지 않다.**

문명사회의 특징을 이해한 후에 차가운 머리를 활용해 '생물학적으로 어쩔 수 없는 일'을 현대에 어울리는 방식으로 극복하는 방법을 만들어가고 싶다.

제6장

사는 게 힘든 건
어쩔 수 없다!

사랑하는 마음이 식는 건
어쩔 수 없다!

이상형인 상대와 사랑에 빠지면 가슴이 설렘으로 가득 찬다.
심장이 빠르게 뛰기도 하고 아파오기도 하면서 마치 가슴이
조여드는 것처럼 느껴진다. 이것은 생식 행동의 전조다. 굳이
동물에 비유하자면 '발정'이다.

위험을 알아차리고 공포를 느낄 때에도 가슴이 두근거린다.
이것이 부정적인 흥분이라면, 사랑에 빠졌을 때의 두근거림
은 긍정적인 흥분이다. 싸우거나 도망칠 때처럼 생식 행동을 할
때에도 몸을 움직여야 하기 때문에, 운동을 준비한다는 의미에서
흥분 태세를 갖추어야 하는 것이다.

그런데 흥분이 반복되다 보면 오히려 침착해진다. 이른바 '허니문 시기'가 종료되는 것이다. 뇌에서는 흥분시키는 신경 전달 물질이 자주 분비되었지만, 점점 덜 분비되기 시작한다. 반복되는 흥분은 체력을 빼앗아가므로 뇌에서 방어 반응을 준비하는 것이다.

그렇게 되면 콩깍지가 씌어 있던 흥분된 상태에서 콩깍지가 떨어진 냉정한 상태로 변한다. 좋아하는 마음에 가려져서 신경 쓰지 않았던 상대방의 나쁜 버릇이 갑자기 눈에 띄기 시작하는 것이다. 그러니 이혼하는 부부가 많은 것도 납득이 된다.

하지만 인간에게는 서로를 이어주는 우정이 진화했다. 사랑이 우정으로 바뀔 수 있다면 부부 사이를 유지할 수 있을 것이다.

우정은 '사랑 호르몬'이라고 불리는 옥시토신에 의해 이루어진다. 원래 옥시토신은 동물의 자녀 양육 행동을 촉진하기 위해 진화한 것이다. 그런데 수렵 채집 시대의 인간에게는 동료를 장기적으로 돕게 만들기 위해 사용되었다.

옥시토신으로 우정이 싹트면 사랑하는 마음이 식어도 부부가 계속 서로 도우면서 살아갈 수 있다. 나이가 들어서도 혼인 관계를 유지할 수 있는 원동력이 되는 것이다.

하지만 옥시토신 분비로 좋은 일만 생기는 것은 아니다. 관계를 지키겠다는 심리가 오히려 관계가 파괴되는 것을 과도하게 경계하는 마음을 불러일으킨다.

예를 들어, 출산을 마친 어머니에게서는 대량의 옥시토신이 분비되기 때문에 자녀를 지키겠다는 마음이 강렬해진다.
　그렇기 때문에 아무리 사소한 일이라도 자녀에게 위협이 될 것이라고 생각하게 되어서 경계심이 커진다. 이는 산후 우울증으로 이어지기도 한다.*

즉, 옥시토신은 집단 내부의 결속력을 높이는 동시에, 낯선 사람을 배척하는 '동족 의식'의 기반을 만들기도 한다. '애국심=적개심'이

---

* 출산을 하지 않는 남편은 일반적으로 아내만큼 옥시토신이 분비되지 않기 때문에, 아내는 남편이 자녀에게 냉담하다고 느끼고 자신과 자녀가 보호받지 못한다는 생각에 불안해지는 경향이 있다.

되는데, 이러한 관계도 생물학적으로 유래를 찾을 수 있는 것
이다.

 포기하자. 극도의 흥분 상태가 오래
지속되지는 않으니까.

사람의 체온을 그리워하는 건
어쩔 수 없다!

동물에게 피부는 매우 중요한 기관이다. 피부는 자신의 몸과 바깥세상의 경계를 나누고, 외부의 물체를 식별하는 촉각을 가지고 있다. 또한 이물질로부터 몸을 보호하는 장벽 역할도 한다.*

손가락 끝의 피부에 감각이 없다면 작은 달걀 하나도 잡을 수 없다. 달걀을 손가락으로 집어서 올릴 때 미세한 마찰을 느끼

---

* 피부를 씻는 것은 병원체를 제거하는 데는 도움이 되지만, 너무 자주 씻으면 피부가 원래 가지고 있는 방어벽이 무너지므로, 이물질이 체내로 들어가 면역을 자극하고 알레르기 반응을 일으킬 가능성이 높다.

지 못하면 악력을 적절하게 조절할 수 없다. 힘을 너무 적게 주면 달걀을 떨어뜨리게 되고, 힘을 너무 많이 주면 달걀을 으스러뜨리게 된다.

이렇게 피부는 신체 외부와 내부를 연결하는 인터페이스를 확립하는 데도 중요한 역할을 담당하고 있다.

대부분의 포유류는 피부에 털이 나 있어서 추위와 충격으로부터 몸을 보호하는 효과도 얻고 있다.

나아가 침팬지는 털 고르기를 통해 우호적인 관계를 맺기도 하고 상하 관계를 확인하기도 한다. 원래 털 고르기는 피부에 살고 있는 벼룩이나 이를 잡아내는 행위인데, 털 고르기 자체가 기분을 좋아지게 하므로 하위 개체가 상위 개체의 털을 골라주는 것은 복종을 의미한다.

한편 인간은 신체에서 몇 군데를 제외하고 털이 거의 없다. 장거리를 계속 달려야 할 때 효율적으로 체온을 조절하기 위해 진화한 결과다.

그래서 털 고르기는 할 수 없게 되었지만, 피부가 노출되어서 얻는 이점도 많다. 빛이나 바람을 피부로 직접 느껴서 많은 정보를 얻을 수 있다.* 게다가 낯빛을 보고 사람의 건강 상태나 감정 상태를 알아차릴 수도 있다.

인간에게 털 고르기 대신 발전한 것이 스킨십이다. 대부분의 영장류가 새끼를 안아서 키우는데, 인간처럼 털이 없어져서 피부를 직접 접촉하게 되면, 피부 사이의 마찰은 뇌에 많은 자극을 전달한다. 그 덕분에 인간 부모와 자녀 사이의 유대감이 더욱 깊어졌을 것이다.

수렵 채집 시대가 되고 협력이 중요해지자 악수나 포옹을 통해 동료들 사이의 결속력을 높이는 방식이 널리 퍼졌다.

오늘날에도 우리는 스킨십을 중요하게 여긴다. 사랑하는 마음을 주고받는 데 주요한 수단이기도 하고, 마사지를 받으면 정신이 안정되어 스트레스가 해소되는 효과도 있다.

그러니까 오랫동안 고독한 시간을 보내면 스킨십을 원하는

---

* 예를 들어, 귀로 들을 수 없는 아주 낮은 음이나 아주 높은 음의 공기 파동을 피부로 직접 감지한다.

상태가 된다. 즉, 저절로 다른 사람의 체온을 그리워하게 되는 것이다.

무죄 **포기하자. 피부를 통해 타인과의 관계를 확인하게 되어 있으니까.**

45

병에 걸리는 건
어쩔 수 없다!

질병은 생물 진화의 부작용이다. 생물학적으로 환경에 적응하는 과정에서 유전 정보의 돌연변이는 적응의 원동력이 된다. 하지만 돌연변이는 질병의 원인이기도 하다. 따라서 우리가 생물로서 살아가는 이상, 병에 걸리는 것은 어쩔 수 없다.

그럼 질병을 세 가지로 나누어서 생각해보자.

첫 번째는 고장 나는 것이다. 피부에 상처가 나도 일주일 정도 지나면 낫는다. 자연 치유력이 있기 때문에 저절로 원래 상태로 돌아갈 수 있는 것이다. 마찬가지로 어떤 기능이 고장 나서 생긴 질병은 건강하게 살아 있는 한 어느 정도 시간이

지나면 회복된다. '어쩔 수 없다'고 걱정할 필요는 없으니 이런 종류의 질병은 일단 제쳐두고 다음으로 넘어가자.

두 번째로는 유전적인 요인 때문에 생기는 질병이다. 높은 곳에 민감한 체질이라면 고소공포증이, 술에 약한 체질이라면 과음으로 인한 급성 알코올 중독이 나타난다. 조현병이나 자폐증 같은 정신 질환도 유전적인 요인 때문에 발병할 확률이 높다.*

유전적인 요인 때문에 생기는 질병은 문자 그대로 가족에게서 특별한 유전자(또는 여러 유전자의 조합)를 물려받아서 발생한다(물론 당대의 돌연변이 때문에 생기는 경우도 아예 없지는 않다). **이러한 질병의 원인인 유전 정보의 변이는, 생물을 환경에 적응시키기위해 무작위로 일어나는 것이다. 그렇기 때문에 생물의 생존에 유리하게 작용하는 동시에 불리하게 작용하기도 한다.**

---

* 이러한 질환은 이란성 쌍둥이에게 동시에 유전되는 확률보다 일란성 쌍둥이에게 동시에 유전되는 확률이 압도적으로 높다는 조사 결과를 통해 증명되고 있다.

이렇게 유전적인 요인 때문에 병에 걸리는 것은 유전적인 요인 덕분에 생존에 도움이 되는 기능을 얻어서 고도의 동물이 되는 것과 모순되는데, 두 가지 모두 생명의 섭리다.

세 번째는 세포나 바이러스 등 병원체 감염으로 야기되는 질병이다. 자연계의 병원체는 인간과 함께 생존 경쟁의 무대 위에 올라 있다. 더욱 잘 살아남는 병원체가 더욱 번성하는 것은 당연한 일이다.

대부분의 동식물은 병원체에 대항하기 위해 유성 생식을 채택한 것으로 보인다. 어머니의 유전 정보와 아버지의 유전 정보를 융합함으로써 자녀의 신체 특성을 크게 변화시켜서 병원체가 몸에 기생하는 것을 방지할 가능성을 높인 것이다. 바이러스는 유전 정보를 한 개체에서 다른 개체로 전파하는 역할을 하므로, 누군가가 얻은 기능을 다른 사람에게 퍼뜨리는데 공헌했다고 볼 수 있다.

이렇게 두 번째, 세 번째 질병 모두, 유전 정보가 생존에 유용하게 진화하는 과정에서 발생된 현상이라는 사실을 알 수 있다. 따라서 인류는 더욱 잘 살아가기 위해 병에 걸리는 것을 기꺼이 받아들여야 한다.

무죄

포기하자. 생물 진화에 따른 부작용이니까.

나이가 들어서 주름이 느는 건 어쩔 수 없다!

나이가 들수록 주름이 느는 것은 피부 세포에 탄력이 줄기 때문이다. 피부의 탄력은 노화(세포 분열 횟수의 한계 등)나 외부 요인(자외선, 마찰로 인한 피부 세포 파괴) 때문에 줄어든다.

그렇다면 왜 주름의 이미지는 부정적인 것일까? 주름이 가득한 신선 같은 얼굴로 많은 사람들의 존경을 받는 누군가를 상상해보면, 나이 듦의 증거인 주름은 긍정적인 의미를 내포한 하나의 상징으로 볼 수도 있을 것 같다.

주름이 부정적으로 여겨지는 이유는 생식 연령이 넘었다는 것을 보

여주는 지표이기 때문이다. 생물의 유전 정보는 다음 세대를 더욱 많이 남기는 방향으로 진화하기 때문에 우리는 생식이 가능한 상태를 민감하게 알아차린다. 생식 상대를 선택할 때에는 아이를 가질 수 있는 상태인 사람을 고르는 것이 다음 세대를 남기는 데 유리하기 때문에, 그런 사람에게 매력을 느끼는 유전자가 계승되는 것이다.

이러한 생물 진화의 원리를 반복해서 들으면 '자손을 남기는 게 그렇게까지 중요한 일인가?' 하는 반감이 들지도 모른다. 하지만 걱정할 것 없다. 인류에게는 새로운 길이 열리게 되었다.

수렵 채집 시대의 협력 집단에서 아이를 가질 수 없는 고령자에게 중요한 역할이 생긴 것이다. 그들은 수렵 채집에 사용하는 도구를 만드는 노하우나 협력 집단을 잘 운영하기 위한 지혜를 전수해야 했다. **따라서 집단의 입장에서 생식 연령을 넘긴 고령자가 살아남아야 하는 가치가 생긴 것이다.**

결과적으로 다른 동물들과는 달리 인간에게는 장수 유전자가 진화했다. 오래 사는 사람이 많은 집단일수록 능률적으로 유지될 수 있기 때문이다.

특히 자녀 양육에 숙련된 나이 많은 여성의 역할이 컸다. 수렵 채집 시대의 협력 집단에서는 어느 정도 집단 양육을 했던 것으로 보인다.* 젊은 여성들이 나무 열매를 찾으러 나가면 나이 많은 여성들이 집단의 거주지에 남아서 아이들을 돌보는 역할 분담은 굉장히 효율적이다.

현재 남성에 비해 여성이 더 오래 사는 것은 그러한 과거 때문에 장수 유전자가 여성에게서 특히 진화한 결과라고 생각된다.

이렇게 인간은 자손을 남기는 것뿐만 아니라 지식과 문화를 집단에서 계승하는 것에서도 가치를 찾아냈다. 하지만 지식과 문화의 계승도 근원을 밝혀보면 집단의 입장에서 자손을

---

* 오늘날에도 수렵 채집 생활을 하는 사람들의 행동 양식에서 집단 양육을 발견할 수 있다.

더욱 잘 남기기 위한 수단이었다.

동물 중에서 인간은 고도의 문명을 구축하고 전승하는 특별한 종이 되었지만, 그것 역시 결국은 자손을 남기기 위함이라면 아직까지 동물을 넘어서지는 못했다고 볼 수 있다.

무죄
포기하자. 생식 연령인지 아닌지 식별하는 데 필요하니까.

47

나이가 들수록
눈물이 많아지는 건
어쩔 수 없다!

'젊었을 때는 감동적인 영화나 소설을 봐도 눈물이 나지 않았는데, 요즘에는 나이 탓인지 가슴이 벅차올라서 눈물이 난다'는 사람이 많다. 그렇게 되는 이유는 나이가 들면 감정 통제 기능이 약해지기 때문이다.

우리는 평소에 감정적으로 행동하지 않도록 억제하면서 생활한다. 괜히 눈물을 보이면 마음이 불안정한 사람처럼 보이고, 무턱대고 화를 내면 폭력적인 사람으로 낙인찍힌다. 사회적인 체면을 유지하기 위해서 감정을 통제하는 것이다. 감정 통제 기능을 관장하는 것은 전전두엽에 있는 비교적 최근에 진화한 뇌 영역이다.

앞서 이야기했듯이, 태아기에는 진화의 역사에 따라서 신체가 형성된다. 뇌로 말하자면 오래 전에 진화한 뇌 영역부터 시작해 최근에 진화한 뇌 영역까지 차례대로 만들어지는 것이다. 노화는 그와 반대되는 순서로 일어난다. 생존을 위한 최소한의 기능은 오래된 뇌 영역에서 담당하기 때문에, 마지막까지 그 기능을 보존한다는 의미에서 좋은 전략이다.

즉, 노화가 시작되면 전전두엽의 기능(차가운 머리)은 저하되는데, 그 징후로서 감정을 주관하는 오래된 뇌 영역의 작용(뜨거운 심장)이 일상에서 겉으로 드러나게 되는 것이다. 그 전형적인 예가 눈물이 많아지는 현상이다.

나이를 먹을수록 금방 화가 난다는 것도 자주 지적되는 현상이다. 화를 억누르기 어려워져서 '요즘 것들은 버릇이 없다'며 자신의 젊은 시절은 까맣게 잊은 채 화를 낸다.

젊은 사람들 사이에서는 "부모님이 넷 우익*이 되어서 큰일이에요"라는 걱정도 터져 나온다. 이 역시 동료를 지키려고 하는 부족 의식에서 생겨난 적개심을 억제하지 못한다는 징후다. 우리에게는 수렵 채집 시대에 길렀던 부족 의식이 갖추어져 있다. 하지만 그것을 겉으로 표현하지 않고 교양 있는 세계 시민으로서 현대사회를 살아간다. 그런데 나이를 먹으면 그런 자세가 무너지는 것이다.

더 알기 쉬운 예로는 나이 든 사람이 '아재 개그'를 연발하는 것을 들 수 있다. 그렇게 시시한 농담을 해봤자 아무런 의미가 없고 분위기를 깨기만 하니까 보통은 머릿속에 떠오르더라도 입 밖으로 내지 않도록 무의식중에 억제한다. 그런데 전전두엽의 기능이 저하되면 입 밖으로 내어서 자기 혼자만 즐거워하는 사태가 벌어지고 만다.

---

* 국수주의적 관점에서 다른 나라를 규탄하고 외국인을 배척해야 한다는 주장을 인터넷상에서 펼치는 일. 또는 그런 일을 하는 사람.

한편 노인들 중에는 왠지 불안해져서 돈을 모아두기도 하고 그 돈을 누군가가 훔치러 오고 있다고 하소연하는 사람도 있다. 주변 사람들이 모두 "그럴 일 없어요"라고 안심시키려고 하면 '다들 나쁜 놈의 음모에 속고 있다'는 망상에 사로잡힌다.

나이가 들면서 일어나는 사고방식의 변화는 스스로 알아차리기 어렵다. 그러니 주변에서 먼저 눈치 채고 본인에게 넌지시 알려주는 것이 좋다.

무죄

포기하자. 뇌 기능이 저하되었기 때문이니까.

사후 세계를 믿는 건
어쩔 수 없다!

앞서 이야기했듯이, 동물은 현재를 사는 데 비해, 인간은 상상을 통해 과거나 미래에서도 살 수 있다.* 과거에서 미래로 흘러가는 시간 변화 아래에서 현재를 규정할 수 있다. 예를 들어, 과거를 회상하며 옛날이야기에 빠져 있으면 지금 행복할 수 있는 것이다.

그런데 미래를 상상하면 마음이 무거워진다. 앞으로 좋은 일이 있을 것이라고 아무리 희망을 가지고 기대를 키워도 그 다

---

* 상상을 통해 과거나 미래로 갈 수 있는 능력을 '정신적 시간 여행'이라고 한다.

음을 생각하면 결국은 죽음이 기다리고 있는 것이다. 게다가 나이가 들어서 살날이 얼마 남지 않으면 앞으로 남은 것은 죽음밖에 없다는 생각만 하게 된다.

그렇다 보니 몸은 죽어도 정신은 사후 세계에 살아남는다는 상상이 큰 위안을 준다. 여러 종교에서 '생전에 고생을 많이 하면 사후에 그 보답으로 행복하게 살 수 있다'고 이야기하는데, 그러한 가르침은 신자들이 미래를 상상하는 데 도움이 되었을 것이다.

그렇다면 사후 세계는 현실과 일치하는 것일까? 1년 후 미래에 대한 상상이 현실과 일치하는지는 실제로 1년이 지나면 검증할 수 있다. 우리는 그런 과정을 반복해 예측 능력을 키우고 과학을 발전시켜왔다.

하지만 사후 세계는 그런 식으로 검증할 수 없다. 사후 세계에 갔다가 돌아오는 '임사 체험'을 했다고 주장하는 사람들이 있는데, 실제로 죽지 않았다는 점에서 사후 세계를 체험한 것은 아니라고 볼 수 있다.

검증 작업이 불가능한 이상, 상상은 자유다. 누구나 자기 마음대로 사후 세계를 상상할 수 있다.

나는 심령주의자(유심론자)라고 불리는 어떤 사람에게서 사후 세계가 어떻게 이루어져 있는지 들은 적이 있다. 죽었을 때의 현실과 완전히 똑같은 세상이 사후에도 계속 존재한다는 이야기였다. 학교와 병원, 경찰서까지 모두 그대로라고 했다.

그 말을 듣고 '현실의 괴로움이 죽은 후에도 계속된다니, 그다지 행복할 것 같지는 않다'는 생각이 들었다. 그런 감상을 솔직하게 말했더니, 사후에는 행복한 곳만 남는다고 덧붙였다. 왠지 과거를 회상하며 행복해하는 것과 비슷한 이야기처럼 느껴졌다.

만약 사후 세계가 있다면 생물학적인 개체와 집단의 굴레를 초월한 정신만이 남은 곳일 거라는 생각이 든다. 현실 세계는 생물학적 진화의 역사, 문화적 역사에 강하게 속박되어 있는데, 그러한 현실에서 해방된 세계를 체험해보고 싶은 것이다.

 포기하자. 죽음에 대한 두려움을 진정시키는 수단이니까.

49

자기 무덤을 갖고 싶은 건
어쩔 수 없다!

자신이 언젠가 죽을 운명이라고 자각하는 것은 뛰어난 상상력의 부작용이다. 나이 든 사람이나 치명적인 병에 걸린 사람뿐만 아니라, 젊고 건강한 사람들도 미래를 상상하다 보면 자연스럽게 죽음을 생각한다.

그리고 일상생활에서는 죽음에 대한 두려움을 떨쳐내려고 다양한 심리적 기제가 작동한다.*

---

* 죽음에 대한 두려움을 물리치기 위한 심리적인 대처법은 '공포 관리 이론'이라는 이름으로 활발하게 연구되고 있다.

즉, 인간은 '나도 죽을지 몰라'라며 죽음을 강렬하게 인식하는 상황에 놓이면, 그것에 대항하는 심리 상태를 취해서 '괜찮아, 아직 안 죽어', '죽는 것도 괜찮은 일이니까 그만 걱정하자'라며 안심하려고 한다.

그러한 심리는 대부분 수렵 채집 시대의 협력 집단으로 되돌아가려는 것이다. 예를 들어, 가까운 사람들과 유대감을 강화하고, 자존감을 높여서 타인의 인정을 받으려고 한다. 또한 사회적 공정성을 엄격하게 따져서 집단의 안정화를 도모하는 한편, 다른 집단의 사람은 강하게 배척한다.

그중에서도 특히 눈에 띄는 것이 죽은 사람을 기리는 의식 등의 전통적인 관습을 고집하는 것이다. 문명이 시작되던 시기에, 조상들이 남긴 흔적에서 죽은 사람을 매장하는 풍습이 발견되는 것은 우연이 아니다. 그 시대의 사람들은 뛰어난 상상력 덕분에 문명을 발달시킬 수 있었던 동시에, 죽음에 대한 두려움에 떨어야 했다.

현대에도 매장 의식, 무덤, 위패는 죽음에 대한 두려움을 해소하는 중요한 수단으로 쓰이고 있다. **유전 정보의 일부가 자손에게 계승되는 것보다, 다음 세대에 자신의 흔적을 남기는 데서 가치를 발견하는 것이다.**

다시 말해, 누구의 것인지 알 수 없는 유전 정보보다 개인의 정체성을 남기는 것을 중요시했다.

그리하여 매장 문화가 자리 잡게 되었다. 조상의 유골이 있는 무덤에 찾아간다는 현실의 행동이 있고, 자신이 죽은 후에 무덤에 묻히면 자손들이 찾아올 것이라고 상상할 수 있다면, 현실의 행동에서 자신의 상상이 이루어질 것이라는 확실한 증거를 얻을 수 있다

죽은 사람을 기린다는 사회적인 관념은 사후 세계와는 달리, 성묘 같은 실제 의식으로 유지되고 있다.
　하지만 요즘은 이런 의식의 의미는 사라지고 형식만 남는 경향이 있다. 또한 무덤을 돌보는 가족들의 유대감도 약해지고

있다.

죽음에 대한 두려움을 떨쳐내는 방법을 잃어가고 있는 것이다.

이러한 현실에 처하자, 사람들은 죽음에 대한 두려움을 물리치기 위한 새로운 방법을 모색하게 되었다. 그런 사람들이 사이비 종교에 빠지는 것을 방지하기 위해서라도 무덤에 묻히기를 원하는 마음을 존중하는 것이 좋다.

 포기하자. 다음 세대에 자신의 흔적을 남기고 싶어 하기 때문이니까.

인생이 허무하게 느껴지는 건
어쩔 수 없다!

인생을 살아가는 방식을 크게 두 부류로 나누면, 최고를 지향하는 인생과 만족을 지향하는 인생이 있다. 최고를 지향하는 인생을 사는 사람은 무슨 일이든 가장 좋은 것, 가장 잘하는 것을 목표로 하며 '완벽주의자'라고도 부른다. 한편 만족을 지향하는 인생을 사는 사람은 적당한 수준에서 만족할 줄 안다.

최고를 지향하는 사람들은 인생을 허무하다고 느낀다.

더 높은 지위를 목표로 하거나 자신이 정한 목표를 달성하기 위해 한눈팔지 않고 노력하는 사람들이다. 하지만 높은 지위를 원해도 그것을 얻을 수 있는 사람은 극소수에 불과하다. 원하는 것을 얻지 못하면 자신의 인생이 실패했다는 생각에 허무해진다.

한편 목표를 달성하면 이번에는 목표가 없어졌다는 생각에 허무해진다. 이렇게 원하는 것을 이루든 이루지 못하든 허무해질 운명인 것이다.

그러니 적당한 수준에서 만족할 줄 아는 것이 행복이다. 현재 상태에서 가치를 발견하고 즐길 수 있으니 말이다.

따라서 만족을 지향하는 인간이 되는 편이 더 좋을 것 같다는 생각이 든다. 하지만 사회는 우리를 그렇게 놔두지 않는다.

세상에는 '목표를 세워라', '과감하게 도전하라', '끈기를 가지고 반드시 해내라!' 같은 목소리가 넘쳐나고 있다. 경쟁심을 부추기면 경제가 활성화되므로 경영자들은 그런 말을 남발한다. 걷다가 멈추면 낙오자로 취급하는 현실은 침팬지의 계층 사회를 떠올리게 한다.

인생이 허무하게 느껴지는 건 당신 탓이 아니다.

경쟁을 부추기는 말이 넘쳐나는 사회가 최고를 지향하는 삶을 살라고 장려하고 있다. 아무리 뛰어나고 원하는 목표를 달성해도 어려운 문제는 끊임없이 생기기 때문에 마지막에는 해내지 못했다는 허무함만이 남는다. 이렇게 개인은 불행해지지만 사회는 착실하게 경제 성장을 이룬다.

철저하게 최고를 지향하는 사람들은 더 이상 견딜 수 없게 된다.

인생이 허무하게 느껴진다면 만족을 지향하는 삶을 떠올려보자. 모든 사람들이 최고를 지향하는 면과 만족을 지향하는 면을 함께 가지고 있다. 그러니 자신이 최고를 지향하는 사람이더라도 때때로 만족을 지향하는 사람이 되어 보는 것이다.

'최선을 다하면 성과를 얻을 수 있다', '노력이 부족했다' 같은 최고를 지향하는 발상은 깨끗이 지우고 '도전하고 있는 지금 이 순간이 즐겁다' 같은 만족을 지향하는 마음을 더한 인생을 만들어보자.

포기하자. 경제 성장을 위한 삶의 방식 때문이니까.

51

수명이 다해서 죽는 건
어쩔 수 없다!

우리에게는 상처와 질병을 고치는 자연 치유력이 있다. 하지만 왜 수명이라는 것도 있는 걸까? 노화도 자연 치유력으로 고치면 되지 않을까?

하지만 자연 치유력이 발동하는 것도 유전 정보에 따라 진화한 결과다.

동네 병원에 가보면 진료를 받으러 온 환자 중 대부분이 어린 아이나 고령자라는 것을 알 수 있다. 그 연령대가 병에 많이 걸리기 때문이다. 반대로 말하면, 20대나 30대는 병에 잘 걸리지 않는다. 왜냐하면 그 나이대가 생식 연령이므로 그 시기에 병에 대한 저항력이 강해지도록 진화했기 때문이다.

즉, 나이가 많은 동물에게 발생하는 질병에 대한 저항력이 있더라도, 더 이상 자식을 낳을 수 없다면 진화와 관련이 없기 때문에 그 저항력의 유전 정보는 확산되지 않는다. 반대로 어린 동물에게 발생하는 질병에 대한 저항력은 약하더라도, 부모는 자식을 더 낳음으로써 그 유전 정보를 어느 정도 물려주어서 후대에 남긴다. 그래서 인간도 어린 아이와 고령자들만이 병원에 가게 되는 것이다.

하지만 앞서 말했듯이, 인간의 경우에는 고령자들이 공동 육아를 하는 등 생활양식이 달라졌으므로 고령자에게도 진화적인 이점이 생겼다. 따라서 다른 동물에 비해 제법 오래 살게 되었다.

그런데도 수명이라는 것이 존재하는 이유는 신체 각 부분의 고장에 대처하는 생물학적인 방식이기 때문이다. 일반적으로 어류가 알을 많이 낳는 것에 비해, 포유류는 한정된 숫자의 새끼만 낳아서 크게 키운다. 새끼를 크게 키울 수 있는 환경이라면, 한정된 숫자만 제대로 키우는 것이 자손을 확실하게 남길 수 있는 방법이므로 포유류의 전략*이 유용하다.

하지만 수명을 계속 연장하는 것은 생물에게 좋은 방법이 아니다. 집을 짓는 것에 빗대어 생각해보자.

자연재해가 자주 일어나는 지역이라면 돈을 많이 들이지 않고 간소한 집을 지을 것이다. 집이 무너지면 바로 다른 집을 지으면 된다. 반면에, 자연재해가 거의 일어나지 않는 지역이라면 튼튼하고 쾌적한 집을 지어놓고 망가지는 부분이 생길 때마다 수리하는 방식이 좋다. 하지만 아무리 튼튼한 집이라도 건축 자재의 내구성이 지속되는 기간은 한계가 있어서 50년, 100년이 지나면 많은 부분이 망가진다. 결국 수리하는 것보다 새로 짓는 쪽이 저렴해지는 것이다.

---

* 수리 생태학에서는 새끼를 많이 낳는 방식을 r 전략, 새끼를 적게 낳아서 크게 키우는 방식을 K 전략이라고 한다.

인간의 신체도 그와 마찬가지로, 나이가 들수록 여기저기에 고장이 난다. 유전 정보의 전략으로 자연 치유력을 발휘해 수리해도 모든 고장을 고칠 수는 없으므로 새로 만드는 편이 나은 순간이 온다. 그것이 수명이다.

오늘날에는 의학이 발전하고 있으므로 어느 정도는 장수하는 사회를 예상할 수 있지만, 그렇다고 영원히 수명을 늘리는 것은 생물학적으로 불가능에 가까운 일이다.

인간에게는 수명이라는 것이 있기 때문에, 모든 고장을 수리하지 못한 신체로 이런저런 고통에 시달리기보다, 다음 세대로 유전 정보와 지식을 전수하는 데서 희망을 찾을 수 있다.

무죄 **포기하자. 수명은 신체의 재건축 전략이니까.**

뜨거운 심장과 차가운 머리의
균형을 유지하자

제멋대로 날뛰는 요정들의 집합체인 '뜨거운 심장'은 감정이나 욕구에 따라서 몸 전체를 통제하고 있다. 한편 의식적으로 작동하는 차가운 머리는 현대사회에 어울리는 행동을 하도록 이성적이고 유연하게 사고한다.

여기서 중요한 점은 차가운 머리가 감정이나 욕구를 직접 통제할 수 없다는 것이다. 만약 차가운 머리에 '행복해지고 싶다는 생각만 해도 행복해지는' 기제가 있다면 우리의 일상생활은 성립하지 않을 것이다. 모두가 즐거움만 추구할 뿐, 아무도 일을 하지 않게 된다.

사회가 쉽게 쾌락을 얻을 수 있는 마약을 금지하고 노동의 대가로 돈을 받도록 하는 것은 차가운 머리의 실체를 잘 이해한 제도라고 볼 수 있다. 돈을 지불했을 때 자신이 바라는 즐거움이 어느 정도 실현되고 다른 선택지도 없는 상황이라면, 차가운 머리는 일을 해서 돈을 버는 것을 목표로 삼는다. 그 결과 대부분의 사람들이 일을 하게 되는 것이다.

인생을 즐기는 것이 최대 목표이고 돈과 일은 목표를 이루기 위한 수단으로 생각하는 만족을 지향하는 사람은 행복하지만, 돈이나 지위 자체가 목적인 최고를 지향하는 사람은 인생이 허무하다고 느낀다.

현대에는 문명사회에 걸맞은 작업은 차가운 머리가 담당하는 한편, 행복을 느끼는 것은 여전히 뜨거운 심장의 몫이다. 차가운 머리를 훈련해 사회가 요구하는 일을 잘해내면 뜨거운 심장이 행복해지는 길이 열리는 것이다.

하지만 일을 너무 잘해내는 것도 고민해볼 만한 문제다. 차가운 머리뿐인 기계적인 사람이 되어 즐기는 법을 잊어버릴지도 모르기 때문이다.

뜨거운 심장이 가진 생물학적으로 어쩔 수 없는 부분을 간직하면서, 차가운 머리의 힘을 발휘해 사회에 적절하게 맞추어주는 자세가 바람직하다. 뜨거운 심장과 차가운 머리가 균형을 이룬 곳에 충실한 삶이 존재할 것이다.

마치며

지금까지 생물학적으로 어쩔 수 없는 것들을 살펴보았다.

자신의 약점이나 고민이 혼자만의 문제가 아니라는 사실을 아는 것만으로도 조금은 마음이 편해지지 않았는가?

마지막으로 이 책을 집필하면서 생각했던 '생물학적으로 어쩔 수 없는 일'을 소개하겠다.

당연한 말이지만, 책 한 권을 쓰는 데는 엄청난 노력이 필요하다.

인간은 새로운 것을 만들어내거나 행동을 할 때 '의욕'이 있어야 한다고 믿는다. 나 역시 의욕적으로 이 책을 여기까지 집필했다.

그렇다면 마지막으로 묻겠다.

'의욕'은 반드시 필요한 것일까?

굳은 의지를 가질 필요가 없다면 적당히 게으름을 피워도 되는 것이 아닐까?

우리 집 고양이는 거의 하루 종일 잔다. 가끔 일어나서 먹이를 먹거나 화장실에 간다. 몸을 동그랗게 말고 기분 좋은 듯이 자고 있다가 내가 괜히 장난을 치면 귀찮은 듯이 한 번 노려보고 다시 잠에 든다. 그럼 나도 '의욕이 없군' 하고 금세 포기한다.

동물은 기본적으로 생존하기 위해 의욕이 있어야 하는 생물이다. 움직이지 않아도 햇볕에서 영양분을 얻을 수 있는 식물이라면 몰라도, 동물은 먹이를 구하러 돌아다녀야 한다. 가끔은 포식자에게서 도망쳐야 할 때도 있다.

하지만 먹을 것이 풍족하고 안전이 확보되면 의욕은 불필요하다. 오히려 **이리저리 돌아다니면 에너지를 소비하게 되고 다시 음식이 필요해지니까 잠이나 자는 편이 효율적이다.**

인간도 마찬가지다. 의식주와 안전이 확보된 상태에서는 현상 유지만으로도 충분하니까 의욕이 생기지 않는 법이다. 벤처 기업을 설립할 때에 '헝그리 정신이 필요하다'고 하는데, 확실히 눈앞의 현실이 힘들수록 열정이 생긴다.

그러니 기업은 직원들의 의욕을 불러일으키기 위해 '프로젝트가 성공하면 보너스를 주겠다', '우수 직원 상이 눈앞에 있다'며 인센티브를 제시한다. 상상력이 있는 사람이라면 더 좋은 미래를 꿈꾸며 '한 번 해보자!' 하고 의지를 다진다. 한편 삐딱하게 받아들이는 사람이라면 '그런 감언이설에 넘어가지 않겠어'라고 생각하므로 의욕이 생기지 않을 것이다.

의욕을 얻고 싶을 때 도움이 될 만한 힌트를 출판업계에서 찾을 수 있다.

인기 작가가 잡지에 연재를 할 때에 마감일에 맞추어 원고를 집필할 수 있도록 의욕을 불러일으키는 방법이다. 바로 작가를 좋은 호텔에 가두어두고 편집자가 호텔방 문 앞에서 진을 친 상태로 재촉하는 것이다. "선생님, 지금부터라도 원고를 쓰지 않으시면 제가 해고될 거예요"라며 심리적으로 압박한다. 그러면 '돈은 벌 만큼 벌었으니 더 이상 인세는 필요 없어' 하고 생각하던 작가도 '편집자를 위해서라도 써야겠지'라는 생각에 힘을 낸다.

인간은 다른 사람을 위해서 일하는 동물이기 때문에 그런 방법이 통한다. 기업에서도 사이가 좋은 팀에서 프로젝트를 진행하면 동료를 위한다는 생각에 모두 의욕적으로 참여한다.

그럼 지금부터 이 책의 집필과 관련된 '의욕의 비밀'을 공개하겠다.

20세기 말에는 진화론과 뇌과학을 이용해 심리학과 생물학을 연결 지었다. 미국의 대표적인 심리학 교과서에서는 각 항

목에 생물학적 관점과 뇌과학적 관점을 덧붙였다.

그런 흐름 속에서 나는 학생들의 이해를 돕기 위한 책을 출간했다. 그때만 해도 '10년 정도 후에는 일본에서도 생물학적인 관점에서 심리를 설명하는 것이 자연스러운 일이 될 것'이라고 예상했다. 왜냐하면 심리적인 고민은 동물과 비교해 생물 진화의 틀에서 보면 어느 정도 해결할 수 있기 때문이다.

그 책은 그럭저럭 알려졌고, 내 연구실에 들어오기 위해 일부러 내가 있는 대학에 입학하는 학생도 생겼다.

그런데 내 예상과 달리 10년이 지나도 생물학적 관점에서 심리를 설명하는 일은 당연해지지 않았다. 일본 문화에서는 인간을 동물처럼 대하는 방식에 거부감을 느끼는 듯하다.

그래서 이번에는 일반 대중을 위한 책이 필요하다는 생각에서 이 책을 쓰게 되었다. 이 책을 읽은 독자 여러분이 '혼자 고민하며 괴로웠던 마음이 편해졌다'는 감상을 전해주신다면 저자로서 그것만큼 만족스러운 일도 없을 것이다.

이렇듯 나는 만족감과 성취감을 기대하며 의욕을 불태울 수 있었다. 그 결과 만들어진 것이 이 책인데, 그렇다고 매일 의욕이 넘쳤던 것은 아니다. 전혀 힘이 나지 않는 날들도 있었다. 그런 날에는 의욕이 생길 때까지 '능동적으로 기다린다'는 마음으로 어떻게든 시간을 보내서 계속 써나갈 수 있었다.

그러니 이 책에서 다룬 내용들이 SNS에 퍼지고 많은 책에서 인용되며 일상 대화의 주제가 되기를 바란다. 지하철 안에서 인간을 동물처럼 이야기하는 사람을 보게 된다면 나는 성취감에 휩싸여 매우 기쁠 것이다.

마지막으로, 이 책을 제작하는 데 도움을 주신 분들께 감사의 인사를 전하고 싶다.

돌이켜보면, 이 책의 주제가 주제이니만큼 '생물학적으로 어쩔 수 없는 일이라……. 그럼 이런 책을 만드는 게 귀찮은 것도 어쩔 수 없는 일이지' 하고 생각하며, 책 만들기는 일찌감치 포기하고 휴가를 떠난다 해도 어쩔 수 없는 기획이었다.

그럼에도 불구하고 지금처럼 책으로 출간된 것은 많은 분들이 '어쩔 수 없는 게 아니야!'라며 열정을 보여주신 덕분이다.

이 책 자체가 생물학적인 한계를 뛰어넘어서 만들어진, 하나의 본보기라고 할 수 있다.

모든 분들에게 다시 한번 감사를 전한다.

이시카와 마사토